高等职业教育汽车车身维修技术专业教材

轿车车身构造与维修

李金文　高窦平　主　编
朱治铭　赵晓静　副主编

人民交通出版社股份有限公司
China Communications Press Co.,Ltd.

内 容 提 要

《轿车车身构造与维修》是高等职业教育汽车车身维修技术专业教材之一。主要内容包括:车身结构认识;车身拆装工具;前部、中部及后部车身结构;车身测量;手工具修复;小面积平面整平方法;筋线变形修复工艺;介子机结构及修复原理;收火原理及工艺;大面积凹陷修复;板件损伤维修新工艺介绍。

本书可作为高等职业院校汽车车身维修技术专业课程教材或自学用书,也可供汽车车身修复技术人员、管理人员或技师参考使用。

图书在版编目(CIP)数据

轿车车身构造与维修 / 李金文,高窦平主编. —北京:人民交通出版社股份有限公司,2018.7
ISBN 978-7-114-14711-1

Ⅰ.①轿… Ⅱ.①李…②高… Ⅲ.①轿车—构造—高等职业教育—教材②轿车—车辆修理—高等职业教育—教材 Ⅳ.①U469.11

中国版本图书馆 CIP 数据核字(2018)第 099097 号

书　　名:	轿车车身构造与维修
著 作 者:	李金文　高窦平
责任编辑:	郭　跃
责任校对:	赵媛媛
责任印制:	张　凯
出版发行:	人民交通出版社股份有限公司
地　　址:	(100011)北京市朝阳区安定门外外馆斜街 3 号
网　　址:	http://www.ccpress.com.cn
销售电话:	(010)59757973
总 经 销:	人民交通出版社股份有限公司发行部
经　　销:	各地新华书店
印　　刷:	北京市密东印刷有限公司
开　　本:	787×1092　1/16
印　　张:	8.25
字　　数:	187 千
版　　次:	2018 年 7 月　第 1 版
印　　次:	2018 年 7 月　第 1 次印刷
书　　号:	ISBN 978-7-114-14711-1
定　　价:	21.00 元

(有印刷、装订质量问题的图书由本公司负责调换)

前言 PREFACE

为了满足高等职业教育培养汽车车身维修技术专业高等技术应用型人才的需要，为了贯彻十九大报告所提出的建设知识型、技能型、创新型劳动者大军，弘扬劳模精神和工匠精神，营造劳动光荣的社会风尚和精益求精的敬业风气，云南交通运输职业学院在深化职业教育改革，积极推进课程改革、教学改革及教材改革，满足职业教育发展新需求的过程中积极探索，组织一批教学经验丰富、实践能力强的教师与行业、企业的一线专家，依托世界技能大赛车身修理项目中国集训基地及国家级高技能人才培训基地两大优势平台，在充分调研的基础上，编写了本套教材，供高等职业教育汽车车身维修技术专业、汽车运用与维修技术、汽车检测与维修技术、汽车改装技术等专业教学使用。

本教材主编作为第44届世界技能大赛车身修理项目的中国教练，全程参与了世界技能大赛中国选手的选拔、训练、考核，亲自见证了世界冠军培养成长成才之路。在与国内外专家、选手的交流过程中，认真学习世界技能大赛的高标准要求。在编写本教材过程中，编者充分借鉴世赛高技能人才培养模式及参照世赛标准同时结合国家高技能人才培训要求、国内行业及高等职业教育实际发展现状，使本教材尽可能满足国内各大高等职业院校教学培养需要。本教材从轿车售后维修企业钣金维修岗位要求分析入手，结合国家对高等职业技术院校培养高等技术应用型人才的要求，确定教学目标和教材内容，强化教材的针对性和实用性；本教材以国家职业标准为依据，使教材内容符合国家职业标准的相关要求，便于教学内容与实际工作需要相关联；本教材以汽车钣金维修实操工艺流程为主线，以相关理论知识做辅助为支撑，精选轿车车身构造认知、常用工具认知、车身测量、车身外板件损伤修复等项目内容；本教材根据院校的教学设备和汽车行业的发展趋势，合理安排教学内容，使学生在掌握汽车板件加工与结合工艺的基础知识之上，介绍目前轿车车身构造与拆装、车身钢外板及铝外板整形修复的相关内容。此外，为便于对知识的理解和吸收，教材采用大量图解以降低学习难度。

在本套教材的编写过程中,编写人员认真学习总结了全国交通职业院校多年来的教学成果,结合汽车维修企业钣喷维修岗位的特点,吸取世界技能大赛车身修理项目相关经验,借鉴国外发达国家先进职教理念,教材成稿后,形成以下特点:

(1) 针对轿车维修企业日常维修多以拆装及外板维修为主的特点,突出培养学生对车身结构及拆装工艺的认知学习,重点强化学生对车身钢外板、铝外板轻微损伤修复基础的掌握。

(2) 语言简洁、图文并茂、贴近实际、可操作性强。

(3) 针对高等职业教育学生特点,内容层次分明,循序渐进。

(4) 引入企业培训标准,更注重规范性和实用性。

本教材由云南交通运输职业学院李金文、高窦平任主编,朱治铭、赵晓静任副主编,云南交通运输职业学院谢家良任主审。具体编写分工为:云南交通运输职业学院李金文(编写项目一~项目四),云南交通运输职业学院高窦平(编写项目六~项目八),云南交通运输职业学院朱治铭(编写项目九~项目十二),云南交通运输职业学院越晓静(编写项目五、项目十三)。同时在编写过程中得到了世界技能大赛车身修理项目专家组组长叶建华老师、云南交通运输职业学院汽车应用技术系谢家良老师、进口大众培训师耿赞老师的大力支持,在此一一表示感谢。

限于编者的理论水平和实践能力,教材内容难以完全覆盖全国各大高等职业院校的实际需求,希望各教学单位在推广及选用本教材的同时,多提出宝贵的意见和建议,以便再版修订时加以完善。

编　者
2018 年 3 月

目录 CONTENTS

项目一　车身结构认识 ………………………………………………………… 1
项目二　车身拆装工具 ………………………………………………………… 11
项目三　前部车身结构 ………………………………………………………… 30
项目四　中部车身结构 ………………………………………………………… 39
项目五　后部车身结构 ………………………………………………………… 54
项目六　车身测量 ……………………………………………………………… 63
项目七　手工具修复 …………………………………………………………… 77
项目八　小面积平面整平方法 ………………………………………………… 84
项目九　筋线变形修复工艺 …………………………………………………… 90
项目十　介子机结构及修复原理 ……………………………………………… 96
项目十一　收火原理及工艺 …………………………………………………… 103
项目十二　大面积凹陷修复 …………………………………………………… 109
项目十三　板件损伤维修新工艺介绍 ………………………………………… 115
参考文献 ………………………………………………………………………… 123

项目一　车身结构认识

完成本项目学习后,你应能:
1. 正确判断不同轿车的车身的形式;
2. 准确复述不同形式车身的结构特点;
3. 准确描述轿车车身各构件的名称;
4. 准确判断车身主动与被动安全结构。

2 学时。

汽车车身是容纳驾乘人员和货物的空间,也是安装整车的基体。发动机、底盘、电气设备均安装在车身相应位置。掌握汽车车身的形式与结构,对于一名钣金初学者来说,是学习汽车钣金技术的根本。它是进一步学习车身拆装、车身结构、车身测量、车身校正等内容的基础。

一、轿车车身的形式及不同车身的特点

(一) 现代社会对汽车车身的要求

(1) 能给驾驶人提供良好的操作条件,能给乘客提供舒适的乘坐条件,保护他们免受汽车行驶时振动、噪声、废气的侵袭及外界恶劣气候的影响。

(2) 保证完好无损地运载货物且装卸方便。

(3) 保证行车安全和减轻事故后果。

(4) 保证汽车具有合理的外部形状,行驶时能有效引导周围气流,以减少空气阻力和燃油消耗。

(5) 保证汽车行驶稳定性和改善发动机的冷却条件,并使室内通风良好。

事故车辆或有故障的车辆进行维修后,必须恢复其原有的外观、功能及车辆制造厂商对其的各项要求,如强度、刚度、密封性等。

(二) 轿车车身的形式

轿车的车身形式有很多种分类方法,一般可按用途分类、按所用材料分类、按与底盘的

连接方式分类,但目前对车身的主流分类则是按照车身的受力情况进行分类,即非承载式车身、半承载式车身和承载式车身三种。

不同形式车身的特点如下。

1. 非承载式车身

非承载式车身由分开的车身和车架组成,又称无梁式车身或非整体式车身,它有独立的车架(大梁)。

车架形式根据形状不同可分为以下几种:

(1) 梯形大梁(图1-1)。梯形大梁是原始的机动车大梁,由两个平行的侧梁通过几条横梁连接起来。是重型车辆上最常见的大梁类型。

(2) 边框式大梁(图1-2)。在中高级轿车及皮卡车上常见。

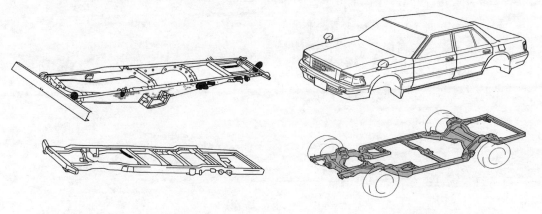

图1-1 梯形大梁示意图　　　　　图1-2 边框式大梁示意图

(3) 脊背式大梁(图1-3)。对抗扭刚度要求较大的车辆上常见。

(4) 钢管式大梁(图1-4)。越野车及改装车上常见。

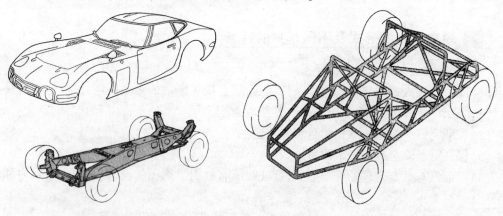

图1-3 脊背式大梁示意图　　　　　图1-4 钢管式大梁示意图

2. 半承载式车身

半承载式车身:是介于非承载式车身与承载式车身之间的结构形式,如图1-5所示,半承载式车身有以下特点:

(1)拥有独立完整的车架。

(2)车架与车身用螺栓连接、铆接或焊接等方法刚性连接,因此,车身壳体可以承受部分载荷。

(3)主体上是用承载式车身的设计,但在底盘薄弱部分用钢梁加固,比承载式车身要结实很多,也要重很多,但比非承载式车身要轻很多,也要脆弱很多。主要用于客车、部分皮卡车或越野车。

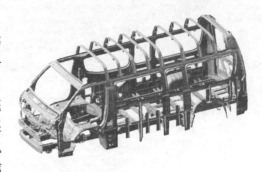

图1-5 半承载式车身车架示意图

3.承载式车身

承载式车身结构由集成为一个整体的车体和车架组成。整个车身成为一个箱体,以保持其强度。如图1-6和图1-7所示,承载式车身又称无梁式车身或整体式车身,是目前轿车车身的主流形式,没有车架,车身就作为发动机和底盘各总成的安装基础。

图1-6 轿车承载式车身

图1-7 越野车承载式车身

承载式车身有下列几大特点:

(1)乘客室和车架焊接成一体。

(2)质量轻,但仍有足够的抗弯、抗扭曲强度。

(3)振动和噪声容易传到乘客室。

(4)广泛使用薄钢板,车身必须实施防锈措施。

(5)整体式车身由形状复杂的钢板所组成,车身损伤后,维修难度较大。

二、轿车车身(承载式车身)的具体结构

轿车车身(承载式车身)结构主要分为:车身外部、车身内部和车身壳体(白车身)三大部分。

(一)车身外部结构

车身外部结构如图1-8所示。

(二)车身内部结构

车身内部结构如图1-9所示。

(三)车身壳体结构

车身壳体结构如图1-10所示。

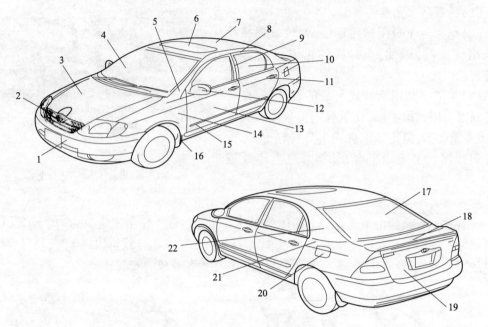

图1-8 轿车车身外部结构

1-前保险杠;2-中网及中网标;3-发动机舱盖;4-前风窗玻璃;5-前柱(A柱);6-天窗;7-车顶;8-门框;9-中柱(B柱);10-车窗玻璃;11-车门外把手;12-车外后视镜;13-车门;14-前翼子板;15-车门防擦条(车门饰条);16-挡泥板;17-后风窗玻璃;18-后扰流器;19-行李舱盖;20-加油口盖;21-后翼子板;22-后侧柱(C柱)

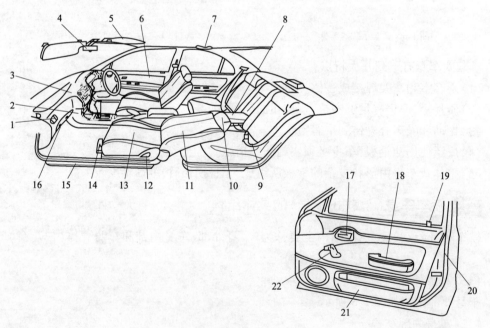

图1-9 轿车车身内部结构

1-可调出风口;2-中心控制台;3-仪表台;4-内后视镜;5-遮阳板;6-车门饰板;7-车顶辅助把手;8-后部中央扶手;9-座椅安全带;10-头枕;11-座椅靠背;12-座椅倾斜调整;13-座椅坐垫(软垫);14-座椅前后滑动杆;15-门槛装饰板;16-仪表杂物箱;17-车门内把手;18-车门扶手;19-车门锁止按钮;20-车门密封;21-车门杂物袋;22-车窗调节把手

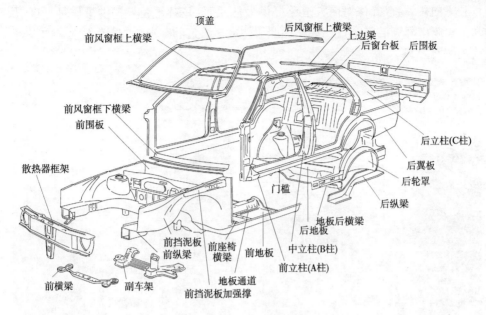

图 1-10 轿车车身壳体结构

三、主动与被动安全结构在汽车上的应用

现代轿车车身的安全性特征主要体现在两大安全结构,即主动安全结构和被动安全结构。现代的汽车设计师通过不断地强化车辆安全结构,通过这些安全结构的有效应用,从避免交通事故发生,再到事故发生的瞬间及事故发生后,这些结构起到了全程对驾乘人员生命财产安全得以有效保护的作用。

(一)主动安全结构

主动安全结构指为减少发生交通事故的可能性而设置的各种装置和车体结构。体现为预防性的结构特征,即有下述几个方面:

(1)在国家车辆型谱中,对车辆的轮廓尺寸有所规定,以避免行车时无法判断车体相对位置而造成刮擦碰撞等。

(2)设计有尽可能大的驾驶视野,以尽可能避免视线死角障碍。

(3)有合理布置的驾驶座位及各构件,有良好的座椅,使其既便于驾驶操作又可减轻疲劳。各种开关、手柄、指示器等相对于座椅的位置,都应尽可能满足人体工程学的原理。

(4)车身外形采用负迎风角,在车身上加装底板、扰流板等以减少车身行驶时产生的升力,增加安全稳定性。此外,汽车新技术的不断开发应用,也将汽车主动安全技术推向了新的高度,从而更科学、更有效、更人性化地减少和避免交通事故的发生。例如:制动防抱死系统(ABS)、驱动防滑系统(ARS)、倒车雷达系统、胎压监测系统、前照灯随动转向系统(图 1-11)。

前照灯随动转向系统简称 AFS,全称为汽车自适应前照灯系统或者智能前照灯系统。自适应前照灯系统 AFS(Adaptive Front-Lighting System),能够根据汽车转向盘角度、车辆偏转率和行驶速度,不断对前照灯进行动态调节,适应当前的转向角,保持灯光方向与汽车的当前行驶方向一致，以确保对前方道路提供最佳照明，并对驾驶人提供最佳可见度，从而显著增强了黑暗中驾驶的安全性。在路面照明差或多弯道的路况中，扩大驾驶人的视野，而且可提前提醒对方来车。

图1-11　前照灯随动转向系统原理示意图

(二)被动安全结构

被动安全结构指在发生交通事故后或行车事故的瞬间过程中，为降低事故对驾乘人员和车辆的伤害程度而设置的各种车体结构，这些结构通常体现在下述几个方面。

1. 装设汽车安全带和电子安全气囊

汽车安全带和安全气囊如图1-12和图1-13所示。

 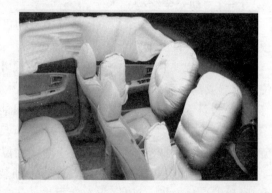

图1-12　汽车安全带　　　　　　　　图1-13　汽车安全气囊

汽车安全带是为了车辆在发生碰撞时对乘员进行约束以及避免乘员与转向盘及仪表板等发生二次碰撞或避免瞬间冲出车外导致伤亡的安全装置。汽车安全带又可称为座椅安全带，是乘员约束装置的一种。汽车安全带是公认的最廉价也是最有效的安全装置。在车辆的装备中，很多国家是强制装备安全带的。

电子安全气囊(electronic control of safety airbag)，简称SRS。安全气囊系统是一种被动

安全性(见汽车安全性能)的保护系统,它与座椅安全带配合使用,可以为乘员提供有效的防撞保护。在汽车相撞时,汽车安全气囊可使头部受伤率减少25%,面部受伤率减少80%左右。

2. 安全车身的推广使用

安全车身全称为GOA安全车身,是指为了减轻汽车碰撞时乘员的伤亡,在设计车身时着重加固乘客舱部分,削弱汽车头部和尾部。当汽车碰撞时,头部或尾部被压扁变形并同时吸收碰撞能量,而乘客舱减小甚至不产生变形以便保证乘员安全。车辆发生碰撞时,将撞击力分散,从而保证乘员舱不变形,最大限度地保证车内乘员的安全,如图1-14所示。此外,安全车身还拥有在万一发生撞人事故时,车身的某些机构设计还可以降低对行人的伤害程度的作用。如为了降低对行人头部的伤害,在发动机罩以及刮水器周围的风窗玻璃处都采用了容易破碎或变形的缓冲结构;而为了降低碰撞时对行人腿部的伤害,保险杠也采用了同样的缓冲结构。

图1-14 安全车身碰撞能量传递示意图

安全车身的结构特点:前后部碰撞变形区拥有柔软的吸能区,以便当碰撞发生时能吸收较多能量。在正面碰撞中,车身前后部碰撞变形吸能区的变形越大,吸收的碰撞能量就越多,产生二次碰撞的能量就越小,使得传到乘员室中的撞击力也就越小。同时,车身采用高强度乘员室,可有效增强碰撞后乘员室的变形强度,减轻或避免乘员因乘员室空间变形受到挤压,从而降低乘员受伤的危险。

3. 加设保险杠和防撞杠

塑料保险杠如图1-15所示,防撞杠如图1-16所示。

图1-15 塑料保险杠

图1-16 防撞杠

目前,以塑料、碳纤维等塑性材料为主材制作的保险杠基本取代了以钢材等刚性材料为主材的保险杠。除了美化车身及减小风阻目的外,更重要的作用在于当发生人车碰撞事故时,塑性保险杠有利于吸收碰撞能量,降低直接作用在行人的碰撞能量,进而降低行人的伤亡率。而防撞杠则在遇到较严重的碰撞后,通过防撞杠上的溃缩区(或吸能盒)形变,进而吸收能量,将碰撞能量尽可能衰减,减少作用到乘客舱的碰撞能量,从而起到保护车上人员安全的作用。

4. 新型材料的应用

高强度、超高强度钢的广泛使用极大地强化了乘客舱的强度等级,降低车辆发生碰撞后乘客舱的变形损坏程度,有效地保障驾乘人员的生存空间。辉昂车身高强度钢材的使用比例达到67%,尤其是屈服强度大于1000MPa的热成形钢使用比例达到17%,且集中在乘客舱区域,能够有效地保障发生碰撞后,乘客舱抵抗外力冲击的能力,从而有效保护驾乘人员的生命安全。

总之,随着汽车技术的发展,车身及其他相关配件的设计制造更加科学合理,从被动安全角度上来说,更能在车辆碰撞中保护车内驾乘人员及车下人员的安全。例如转向柱收缩系统、座椅颈椎支撑系统、夹层安全玻璃等。

习　　题

一、填空题

1. 掌握汽车车身的形式与结构对于一名钣金初学者来说,是学习钣金的_____。
2. 对事故车辆或有故障的车辆进行维修后,必须恢复其原有的_____、_____及车辆制造厂商对其的各项要求,如_____、_____、_____等的要求。
3. 轿车的车身形式按照车身的受力情况进行分类,有_____、_____和_____三种。
4. 车架形式根据形状不同可分为以下几种:_____、_____、_____和_____。
5. 半承载式车身主体上是用_____的设计,但在底盘薄弱部分用钢梁加固。
6. 承载式车身又称_____式车身,是目前_____车身的主流形式,没有_____,车身就作为发动机和底盘各总成的安装_____。
7. 轿车车身结构主要分为:_____、_____和_____三大部分。
8. 轿车车身壳体通常分为三段,即由_____、_____和_____三大部分及相关构件组成。
9. 5S管理包含:_____、_____、_____、_____和素养等5项内容。

二、选择题

1. (　　)不是半承载式车身车架与车身的结合方式。
   A. 螺栓连接　　　　B. 铆接　　　　C. 焊接　　　　D. 柔性介质连接
2. 半承载式车身比承载式车身要(　　)很多,也要(　　)很多,但比非承载式要(　　)很多,也要(　　)很多。
   A. 结实　重　轻　脆弱　　　　B. 结实　轻　重　脆弱
   C. 脆弱　重　轻　结实　　　　D. 脆弱　轻　重　结实
3. 梯形大梁是(　　)车辆上最常见的大梁类型。
   A. 重型车辆　　　　B. 轿车　　　　C. 越野车　　　　D. 跑车
4. 以下车身结构属于主动安全结构的是(　　)。
   A. 高强度车身　　　B. ABS　　　　C. 安全玻璃　　　D. 安全气囊
5. 以下车身结构属于被动安全结构的是(　　)。
   A. ASR　　　　　　　　　　　　B. 安全带
   C. 胎压监控系统　　　　　　　D. 透光率高的前后风窗玻璃
6. 以下车身结构既不属于被动安全结构也不属于主动安全结构的是(　　)。

A. 高强度车身　　　　B. 前后防撞钢梁　　　　C. 座椅颈椎支撑　　　　D. 导航系统

三、判断题

1. 半承载式车身：是介于非承载式车身与承载式车身之间的结构形式。它拥有独立完整的车架。　　　　　　　　　　　　　　　　　　　　　　　　　　　　　　　　（　　）
2. 承载式车身结构由集成为一个整体的车体和车架组成。　　　　　　　　　（　　）
3. 非承载式车身由车身和车架组成，又称无梁式车身，它没有独立的车架（大梁）。
　　　　　　　　　　　　　　　　　　　　　　　　　　　　　　　　　　（　　）
4. 承载式车身广泛使用薄钢板，车身必须实施防锈措施；质量小，但仍有足够的抗弯、抗扭曲强度。　　　　　　　　　　　　　　　　　　　　　　　　　　　　　（　　）
5. 天窗、导航、防盗系统、可收缩式转向柱均不属于被动安全结构也不属于主动安全结构。　　　　　　　　　　　　　　　　　　　　　　　　　　　　　　　　　（　　）
6. 实操过程中手机管理要求手机关闭、统一放置于手机袋。　　　　　　　（　　）
7. 纵梁吸能结构、儿童安全座椅均属于被动安全结构。　　　　　　　　　（　　）
8. 车道偏离警示系统、超速报警系统属于主动安全结构。　　　　　　　　（　　）
9. 为了保证驾乘人员的安全，应该把车身的所有结构都做得越硬越好。　　（　　）
10. 在国家车辆型谱中，对车辆的轮廓尺寸并没有强制规定。　　　　　　　（　　）

四、名词解释

1. 主动安全结构指：_____
_____
_____。
2. 被动安全结构指：_____
_____
_____。

五、填图题

填写图中序号所标示的车身外部构件的名称。

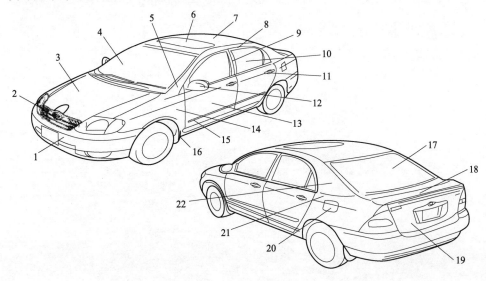

1. _____;2. _____;3. _____;4. _____;
5. _____;6. _____;7. _____;8. _____;
9. _____;10. _____;11. _____;12. _____;
13. _____;14. _____;15. _____;16. _____;
17. _____;18. _____;19. _____;20. _____;
21. _____;22. _____。

项目二　车身拆装工具

学习目标

完成本项目学习后,你应能:
1. 正确选用拆装工具,并能正确描述其名称及用途;
2. 正确选用辅助拆装工具,并能正确描述其名称及用途。

建议学时

2学时。

在汽车钣金维修中,往往会遇到部分车身零配件无法修复需要更换的,或者需要修复的部位遇到其他部件阻挡或受客观安全因素影响的,就需要对其进行相应的拆装;而在钣金拆装中,最基础的就是拆装工具的选择,选择合适的拆装工具不仅可以提高工作效率,也能最大限度地保护所拆装的部件及连接处的螺栓、螺钉等零件。

一、车身拆装工具的分类

车身拆装工具按照动力源不同主要可分为以下几种类型。

（一）手动工具

借助人力,在工具本身的杠杆或冲击作用下完成相应拆装作业的工具。拆装中常见的手动工具主要有:螺丝刀、扳手(图2-1)、手锤、錾子、剪刀(图2-2)、手工锯(图2-3)、手动铆钉枪、钳子、铲刀等。

图2-1　扳手　　　　　　图2-2　铁皮剪　　　　　　图2-3　手工锯

（二）气动工具

以压缩空气为动力源带动气动马达对外输出动能,使之旋转或往复运动的工具。根据其基本工作方式可分为:旋转式(偏心可动叶片式)、往复式(容积活塞式)。主要气动工具有:气动扳手(图2-4)、气动螺丝刀、气动铆钉枪、气动锯(图2-5)、气动钻(图2-6)、气动剪、气动角磨机等。

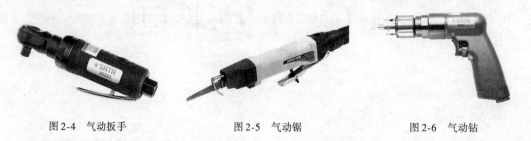

图2-4　气动扳手　　　　　图2-5　气动锯　　　　　图2-6　气动钻

(三)电动工具

以电动机或电磁铁产生的动力作为动力源,通过传动机构驱动工作头,使之旋转或往复运动的工具。主要电动工具有:电动扳手(图2-7)、电动螺丝刀(图2-8)、电动铆钉枪、电钻、电动锯、电动胶枪、电动剪、电动角磨机(图2-9)等。

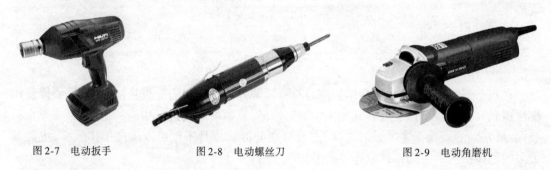

图2-7　电动扳手　　　　　图2-8　电动螺丝刀　　　　图2-9　电动角磨机

二、常用拆装工具的认识

由于汽车钣金维修主要针对交通事故车辆的特殊性,在实际维修中常常需要对事故车辆进行螺丝钉、螺栓、卡扣的拆卸;铆钉、焊点、焊缝、化学品粘接处的分离;钣金件的固定、钻孔、切割等作业,所以使用到的工具相对较多。以下课程内容将针对常用的钣金拆装工具(螺丝刀、扳手、钳子、电钻、角磨机、铆钉枪等)进行逐一介绍。

(一)螺丝刀

1. 螺丝刀的定义

螺丝刀又称螺丝起子,是一种用来拧转螺钉或螺栓以迫使其就位的工具,通常有一个特殊的形头,可插入对应的螺钉头的槽缝或凹口内。

2. 螺丝刀的种类

(1)按驱动方式分类:普通手动螺丝刀、气动螺丝刀、电动螺丝刀。

(2)按结构形状来说,通常有以下几种:

①直形:这是最常见的一种。头部型号有一字、十字、米字、T型(梅花型)、H型(六角)等。

②L形:多见于六角螺丝刀,利用其较长的杆来增大力矩,从而更省力。

③T形；汽修行业应用较多。
(3)目前最常用的是按螺丝刀的刀头形状来分类,如图2-10所示。
常见类型有：
①一字(SLOTTED)。
②十字(PHILLIPS)。
③米字(POZId)。
④星型(TORX)。
⑤方头(SQUARE)。
⑥六角(HEXGONAL)。

图2-10 常见螺丝刀刀头

其中一字和十字是我们生活中最常用的,像安装、维修这类都要用到,可以说只要有螺钉的地方就要用到螺丝刀。六角头用得不多,常用内六角扳手,像一些机器上好多螺钉都带内六角孔,方便多角度使力。星型的大的看到也不多,小的星型常用于拆修手机、硬盘、笔记本式计算机等,我们把小的螺丝刀叫称为表批,常用星型T6、T8、十字PH0、PH00类型。

3.螺丝刀的正确使用
(1)刀头花型与螺钉匹配。
(2)刀头大小与螺钉匹配。
(3)刀杆轴线与螺钉头垂直。
(4)螺钉一般顺时针方向旋转为嵌紧；逆时针方向旋转则为松出。

(二)常用扳手
1.扳手的定义
扳手是一种常用的安装与拆卸工具。利用杠杆原理拧转螺栓、螺钉、螺母和其他螺纹紧持螺栓或螺母的开口或套孔固件的手工工具。扳手通常在柄部的一端或两端制有夹柄部施加外力柄部施加外力,就能拧转螺栓或螺母持螺栓或螺母的开口或套孔。使用时沿螺纹旋转方向在柄部施加外力,就能拧转螺栓或螺母。

2.扳手的种类和用途
(1)按开口大小是否可以调节可分为：死扳手和活扳手。死扳手指的是已经有固定的数字写上的扳手,活扳手就是活动扳手了。死扳手只能用于尺寸固定的螺栓或螺钉上,而活扳手在适用的尺寸上可以根据实际需要进行调节。
(2)目前常按用途和款式不同进行分类：
①呆扳手(图2-11)：一端或两端制有固定尺寸的开口,用以拧转一定尺寸的螺母或螺栓。
②梅花扳手(图2-12)：两端具有带六角孔或十二角孔的工作端,适用于工作空间狭小、不能使用普通扳手的场合。
③两用扳手(图2-13)：一端与单头呆扳手相同,另一端与梅花扳手相同,两端拧转相同规格的螺栓或螺母。
④活动扳手(图2-14)：开口宽度可在一定尺寸范围内进行调节,能拧转不同规格的螺栓或螺母。该扳手的结构特点是固定钳口制成带有细齿的平钳凹；活动钳口一端制成平钳口；另一端制成带有细齿的凹钳口；向下按动蜗杆,活动钳口可迅速取下,调换钳口位置。

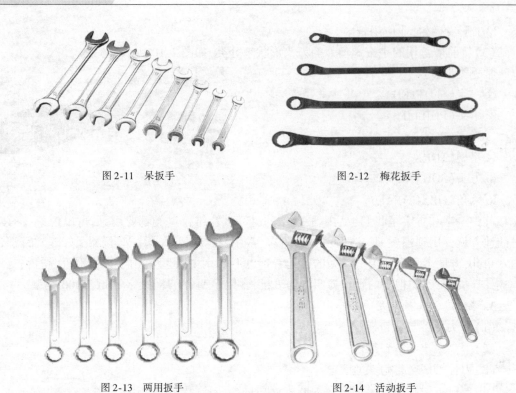

图 2-11　呆扳手　　　　　　　图 2-12　梅花扳手

图 2-13　两用扳手　　　　　　图 2-14　活动扳手

⑤钩形扳手(图 2-15)：又称月牙形扳手，用于拧转厚度受限制的扁螺母。

⑥套筒扳手(图 2-16)：一般称为套筒，它是由多个带六角孔或十二角孔的套筒并配有手柄、接杆等多种附件组成，特别适用于拧转地位十分狭小或凹陷很深处的螺栓或螺母。套筒有米制和英制之分，套筒虽然内凹形状一样，但外径、长短等是针对对应设备的形状和尺寸设计的，国家没有统一规定，所以套筒的设计相对来说比较灵活，符合大众的需要。套筒扳手一般都附有一套各种规格的套筒头以及摆手柄、接杆、万向接头、旋具接头、弯头手柄等用来套入六角螺母。套筒扳手的套筒头是一个凹六角形的圆筒；扳手通常由碳素结构钢或合金结构钢制成，扳手头部具有规定的硬度，中间及手柄部分则具有弹性。

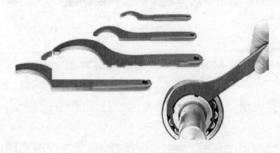
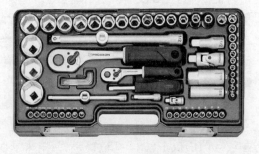

图 2-15　钩形扳手　　　　　　图 2-16　套筒扳手

⑦内六角扳手(图 2-17)：成 L 形的六角棒状扳手，专用于拧转内六角螺钉。内六角扳手的型号是按照六方的对边尺寸来说的，螺栓的尺寸有国家标准。

用途：专供紧固或拆卸机床、车辆、机械设备上的圆螺母用。

⑧扭力扳手(图2-18):它在拧转螺栓或螺母时,能显示出所施加的力矩;或者当施加的力矩到达规定值后,会发出光或声响信号。扭力扳手适用于对力矩大小有明确规定的装配。

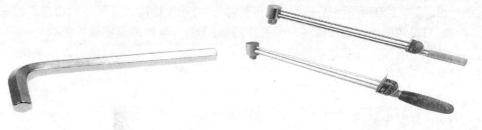

图2-17　内六角扳手　　　　　　　图2-18　扭力扳手

3.扳手的正确使用

(1)扳手大小与螺母大小匹配,如图2-19所示。

(2)扳手使用优先向后拉,尽量避免前推。

(3)拧紧力矩较大时,避免使用快速扳手。

(4)使用扳手时,扳手手柄轴线与螺栓轴线应垂直,避免倾斜。

图2-19　扳手使用示意图

(三)钳子

1.钳子的定义

钳子是一种用于夹持、固定加工工件或者扭转、弯曲、剪断金属丝线的手工工具,如图2-20所示。部分钳子还具有打孔功能。

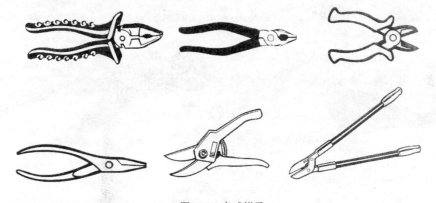

图2-20　各式钳子

钳子一般用碳素结构钢制造,先锻压轧制成钳胚形状,然后经过磨铣、抛光等金属切削加工,最后进行热处理。钳的手柄依握持形式而设计成直柄、弯柄和弓柄3种式样。钳子使用时常与电线之类的带电导体接触,故其手柄上一般都套有以聚氯乙烯等绝缘材料制成的护管,以确保操作者的安全。

钳嘴的形式很多,常见的有尖嘴、平嘴、扁嘴、圆嘴、弯嘴等样式,可适应对不同形状工件的作业需要。

2.钳子的常见类型

按其主要功能和使用性质,钳子主要有钢丝钳、尖嘴钳、剥线钳、管子钳、大力钳、打孔钳等几种。

1）钢丝钳

钢丝钳，如图2-21所示，是一种夹钳和剪切工具，钢丝钳由钳头和钳柄组成。钳头包括钳口、齿口、刀口和铡口。钢丝钳各部位的作用是：①齿口可用来紧固或拧松螺母；②刀口可用来剖切软电线的橡皮或塑料绝缘层，也可用来剪切电线、铁丝；③铡口可以用来切断电线、钢丝等较硬的金属线。

2）尖嘴钳

尖嘴钳又称修口钳，如图2-22所示，主要用来剪切线径较细的单股与多股线，以及给单股导线接头弯圈、剥塑料绝缘层等，它也是电工常用的工具之一。尖嘴钳由尖头、刀口和钳柄组成。钳柄上套有500V的绝缘套管。尖嘴钳由于头部较尖，使用在狭小空间的操作。

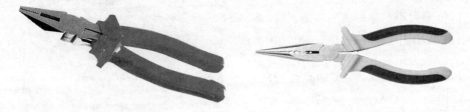

图2-21 钢丝钳　　　　　　图2-22 尖嘴钳

3）剥线钳

剥线钳如图2-23和图2-24所示，是内线电工、电动机修理、仪器仪表电工常用的工具之一。剥线钳由刀口、压线口和钳柄组成。剥线钳的钳柄上套有额定工作电压500V的绝缘套管。剥线钳适宜用于塑料、橡胶绝缘电线、电缆芯线的剥皮。

图2-23 剥线钳1　　　　　　图2-24 剥线钳2

4）管子钳

管子钳如图2-25所示。用来拧紧或拧松电线管上的束节或管螺母，使用方法与活动扳手相同。

5）大力钳

大力钳主要用于夹持零件进行铆接、焊接、磨削等加工，如图2-26和图2-27所示。其特点是钳口可以锁紧并产生很大的夹紧力，使被夹紧零件不会松脱，而且钳口有很多挡调节位置，供夹紧不同厚度零件使用，另外也可作扳手使用。

图2-25 管子钳

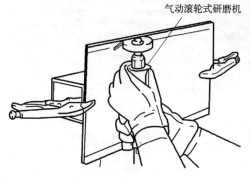
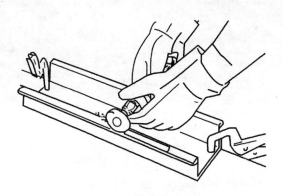

图 2-26　大力钳使用示意图 1　　　　　图 2-27　大力钳使用示意图 2

常用的大力钳有以下几种：

（1）平口大力钳：如图 2-28 所示，主要用于夹持和固定边缘长度较短的平面板件。

（2）圆口大力钳：如图 2-29 所示，主要用于夹持和固定边缘长度较短的带弧度的板件。

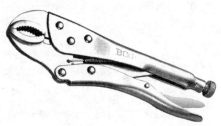

图 2-28　平口大力钳　　　　　　　　图 2-29　圆口大力钳

（3）尖嘴大力钳：如图 2-30 所示，主要用于夹持和固定边缘长度较长，无障碍的平面板件。

（4）C 型大力钳：如图 2-31 所示，主要用于夹持和固定边缘长度较长、中间需跨越障碍的平面板件。

图 2-30　尖嘴大力钳　　　　　　　　图 2-31　C 型大力钳

（5）焊接大力钳：如图 2-32 所示，主要用于夹持和固定用于焊接的平面板件，可跨越小型障碍。

（6）扁嘴大力钳：如图 2-33 所示，主要用于夹持和固定边缘长度较短，对平面度要求较高的板件。

图2-32 焊接大力钳

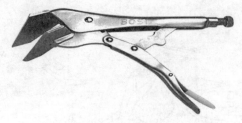
图2-33 扁嘴大力钳

6) 打孔钳

打孔钳由手柄、打孔头、压片、孔座所组成,如图2-34所示。

打孔头与一边手柄连接,孔座与另一边手柄连接,两边手柄通过铆钉铆合在一起,打孔头的截面形状是任意的,压片和孔座开有与打孔头形状相对应的孔,握动手柄时,打孔头可穿过压片和孔座,通过打孔头冲击压片和孔座而完成打孔动作,使用十分方便,省力。

(四) 电钻

电钻是利用电磁旋转式或电磁往复式小容量电动机的电动机转子做磁场切割做功运转,通过传动机构驱动作业装置,带动齿轮加大钻头的动力,从而使钻头刮削物体表面,进行钻孔作业。

(1) 电钻可分为3类:手电钻、冲击钻、锤钻。

①手电钻:功率较小,使用范围仅限于钻木、薄板和作为电动螺丝刀用,价格便宜。

②冲击钻:冲击电钻的冲击机构有犬牙式和滚珠式两种。

③锤钻(电锤):可在任何材料上钻洞,使用范围最广。

(2) 手电钻,如图2-35所示。单单凭靠电动机带动传动齿轮加大钻头转动的力,使钻头在金属、木材等物质上做刮削形式洞穿。手电钻的主要作用是进行钻削作业。一般用于钻除焊点分离构件和在钣金构件上进行钻孔等作业。

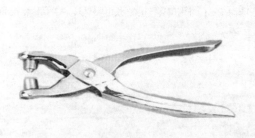
图2-34 打孔钳

图2-35 手电钻

钻削所应用的刃具以麻花钻头和钻孔器为主。为了便于钻削车身构件的焊点,一般要将普通钻头根据需要进行磨削,磨成平头钻,如图2-36所示。

(3) 使用电钻时的个人防护。

①面部朝上作业时,要戴上防护面罩。在生铁铸件上钻孔要戴好防护眼镜,以保护眼睛。

②钻头夹持器应妥善安装。

项目二 车身拆装工具

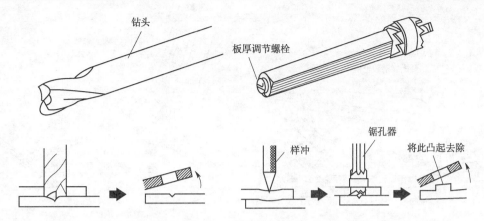

图 2-36 平头钻工作原理

③作业时钻头处在灼热状态,应注意灼伤肌肤。

④钻 $\phi 12mm$ 以上的钻孔时应使用有侧柄手枪钻。

⑤站在梯子上工作或高处作业应做好高处坠落措施,梯子应有地面人员扶持。

(4)气动钻是一种手持式气动工具,如图 2-37 和图 2-38 所示,主要用于对金属构件的钻孔作业,尤其适用于薄壁壳体件和铝镁等轻合金构件上的钻孔作业。具有工作效率高、钻孔精度高等特点,广泛应用于家电制造、房屋装修、汽车船舶制造、航空航天工业制造及维修行业,功率大,无火花,安全性较高。根据加工精度要求可以选用不同型号的气动钻。

图 2-37 气动手枪钻　　　　　　　图 2-38 气动点焊剔除钻

(五)角磨机

1. 角磨机

角磨机如图 2-39 所示。主要用于打磨和切割作用。打磨作用是利用砂轮盘的平面磨削工件的不平部位,多为对焊接后的焊缝的凸起进行打磨,使其表面平整;切割作用是在拆卸车身构件时,利用砂轮的端面切割焊缝,使焊缝断开。图 2-40 和图 2-41 所示为用砂轮割断焊缝、拆卸车身构件的方法。对于只拆卸不更换的构件,应选好切割角度,而不要损坏零件本身;对于切割后更换的构件,可以直接割断构件,但是要注意不要割伤完好的构件。

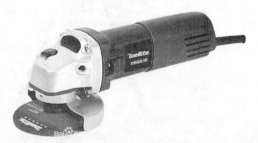

图 2-39 电动角磨机

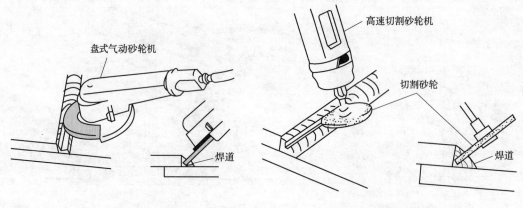

图 2-40 打磨焊缝图 1　　　　　　　　图 2-41 打磨焊缝图 2

2. 注意事项

角磨机设计主要是用来打磨的,锯、割等功能不是设计师的初衷。因为角磨机转速高,使用锯片切割片时不能用力加压,不能切割超过 20mm 厚的硬质材料,否则一旦卡死,会造成锯片、切割片碎裂飞溅,或者机器弹开失控,轻则损坏物品,重则伤人! 同时,使用厚砂轮片打磨,使用薄砂轮片切割时请选择优质砂轮片或 40 齿以上的优质锯片,并保持双手操作,做好防护措施。否则非常危险。

(六) 铆钉枪

1. 铆钉枪概述

铆钉枪主要用于各类金属板材、管材等制造工业的紧固铆接,目前广泛地使用在汽车、航空、铁道、制冷、电梯、开关、仪器、家具、装饰等机电和轻工产品的铆接上。为解决金属薄板、薄管焊接螺母易熔,攻内螺纹易滑牙等缺点而开发,它可铆接不需要攻内螺纹、不需要焊接螺母的拉铆产品,铆接牢固、效率高,使用方便快捷。

2. 铆钉枪分类

(1) 铆钉枪按安装的铆钉不同可以分为抽芯铆钉枪(图 2-42)、铆螺母枪(拉铆螺母枪,图 2-43)、环槽铆钉枪。

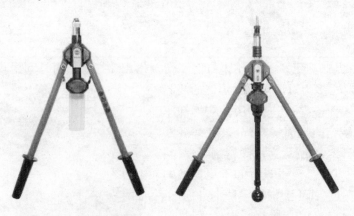

图 2-42 抽芯铆钉枪　　　　　　　　图 2-43 铆螺母枪

（2）按照动力不同分为气动铆钉枪（图2-44）、电动铆钉枪、手动铆钉枪、液压铆钉枪。本节内容主要以介绍抽芯铆钉枪为主。

3.铆钉

抽芯铆钉主要由铆钉的铆体和抽芯两大部分组成，如图2-45所示，汽车维修中使用的铆钉常见型号有：铆体直径为4.0mm、4.8mm、5.0mm、6.0mm、6.4mm。

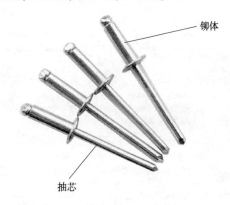

图2-44　气动铆钉枪　　　　　　　图2-45　铆钉结构

4.手动铆钉枪使用注意事项

（1）根据孔洞直径选择直径大小适合铆接的铆钉，选择铆钉时还需注意铆钉与母材的材质应不会产生相互影响，如钢制铆钉与铝车身会发生电化学腐蚀。

（2）选择对应的导嘴，一般导嘴上会刻有适用的铆钉规格。如果随意选用可能导致拉铆效果不好或者卡钉。

（3）铆钉抽芯应完全塞到铆枪导嘴，铆钉铆体应完全进入所需铆接的孔洞中，并在铆接操作过程中保持铆钉枪与板件垂直。

（4）双把铆枪一般会有集钉瓶，拉完以后断的抽芯会落入集钉瓶中，应及时处理断的抽芯。

（5）不能超负荷地使用铆钉枪，要在规定的性能参数范围内工作。

5.铆钉连接断开方式

（1）使用电钻钻除。

（2）使用角磨机磨除。

（3）使用錾子錾除。

三、常见辅助拆装工具

汽车钣金维修工作中，为了方便拆装工作，常常需要对车辆进行举升、顶推，所以，拆装中常常需要借助于汽车举升机、千斤顶等辅助工具。

（一）千斤顶

1.千斤顶的定义

千斤顶：是一种用钢性顶举件作为工作装置，通过顶部托座或底部托爪在行程内顶升重物的轻小起重设备。千斤顶主要用于厂矿、交通运输等部门。在车辆修理中千斤顶承担起重、支撑等工作。其结构轻巧坚固，灵活可靠，一人即可携带和操作。

2. 千斤顶的种类

千斤顶按照传输动力的介质不同主要可分为机械式千斤顶、液压式千斤顶、气压式千斤顶三种，如图 2-46～图 2-48 所示。汽车钣金维修中在车身结构校正作业中还常使用多功能千斤顶，如图 2-49 所示。

图 2-46　机械式千斤顶

图 2-47　液压式千斤顶

图 2-48　气压式千斤顶

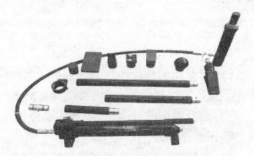
图 2-49　多功能千斤顶

3. 卧式液压千斤顶的组成

卧式液压千斤顶的组成如图 2-50 所示。

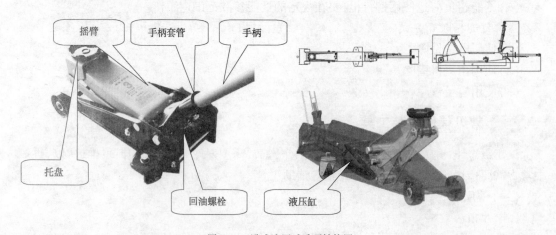
图 2-50　卧式液压千斤顶结构图

4. 卧式液压千斤顶的使用方法

(1)先选好举升位置,顺时针旋转手柄,将油泵上的回油螺栓旋紧,上下摇动手柄,使液压油从油泵中流入液压缸,使托盘上升。

(2)欲使托盘下降,逆时针旋转手柄,微微旋松回油螺栓,液压缸卸荷,液压油从液压缸流回油泵,托盘即逐渐下降。但注意,松回油螺栓时切忌不可松得太快,否则下降速度过快可能产生危险。

5. 使用卧式液压千斤顶注意事项

(1)使用前必须检查各部分是否正常。

(2)使用时应严格遵守主要参数中的规定,切忌超高超载,否则,当起重高度或起重吨位超过规定时,液压缸顶部会发生严重漏油。

(3)泵体的油量不足时,需先向泵中加入经充分过滤后的 N33 号液压油才能工作。

(4)合理选择千斤顶的着力点,底面垫平,同时考虑到地面软硬条件。

(5)千斤顶将重物顶升后,应及时用支撑物将重物支撑牢固,禁止将千斤顶作为支撑物使用。

(6)几台千斤顶同时起重时,应正确安放千斤顶,每台千斤顶负荷均衡,注意保持起升速度同步。还必须考虑因质量不匀地面可能下陷的情况,防止被举重物产生倾斜而发生危险。

(7)下降时液压缸卸荷,应逐渐下降。否则,下降速度过快将产生危险。

(8)使用时千万不要超过额定行程,以免损坏千斤顶。

(9)使用过程中应避免千斤顶剧烈振动;不适宜在有酸碱、腐蚀性气体的工作场所使用。

(10)用户要根据使用情况定期检查和维护。

(二)汽车举升机

1. 汽车举升机的定义

汽车举升机是汽车维修行业用于汽车举升以便车辆维修的汽保设备。汽车举升机其产品性质、质量好坏直接影响维修人员的人身安全,同时汽车举升机在汽车维修中又发挥着至关重要的作用,无论整车大修小修还是维护,都离不开它,所以,正确掌握其使用方法及日常维护尤为重要。

2. 汽车举升机的种类

按照功能和形状来分:主要有单柱式、双柱式、四柱式和剪式。

1)单柱式(图 2-51 和图 2-52)

单柱式:只有一根立柱,其代表类型是单柱地基式液压举升机,在地平面下部的地基中埋有一根立柱和一个顶升油缸,工作时通过液压将汽车顶起。

优点:结构简单,便于汽车顶起后将其 360°旋转,这一特点是其他型不具备的,其大部分构件都埋于地下,可以最大限度地减少对工作场地的占用。

缺点:这种举升机的立柱和举升机大部件都在汽车底部,从而妨碍了修理人员进入汽车底部作业。

2)双柱式(图 2-53 和图 2-54)

双柱式:主体由两根立柱组成,两根柱分别位于两侧,被举车位于两立柱之间。

优点:绝大多数的双柱举升机是利用它的四个举升臂举升汽车底部的四个举升点位,这样可以使车轮和汽车底部全部暴露在举升部件之外,从而最大限度地给修理人员提供了作业空间。

缺点:大多被举起的汽车车门不能打开。

图 2-51　单柱式举升机　　　　　　　图 2-52　单柱式举升机

图 2-53　双柱式举升机　　　　　　　图 2-54　双柱式举升机

3)四柱式(图 2-55 和图 2-56)

四柱式:具有四根立柱的举升机,一般是举升汽车的轮胎,是一种大吨位汽车或货车修理和维护单位常用的专用机械举升设备。也适合汽车的四轮定位。

图 2-55　四柱式举升机　　　　　　　图 2-56　四柱式举升机

优点:四柱举升机具有较强的稳定性和安全性,可用于二次举升操作。

缺点:四柱举升机二次举升为手动或气动,修理工需要跑到底下操作,这对于经常使用二次举升的用户不方便和不安全。

4)剪式(图2-57和图2-58)

剪式举升机:剪式举升机执行部分采用剪式叠杆形式、电力驱动机械传动结构,目前广泛用于大型车辆维修。可以挖槽,也可以直接安装在地面上。

图2-57 剪式举升机　　　　图2-58 剪式举升机

优点:举升速度适中且不占用车坑位置,对于一些车型相对固定、工作强度大(如在公共汽车)的修理领域无疑是最好的选择。而且由于结构简单,水平精确可调,同步性好,一般常用作四轮定位仪的平台。

缺点:一些举升机安装需要挖坑,增加了安装的难度,造价贵。

3.汽车双柱式举升机的组成

汽车双柱式举升机的组成如图2-59所示。

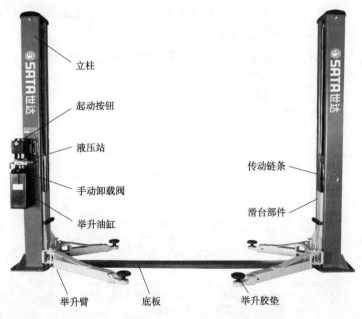

图2-59 汽车双柱式举升机主要组成部分

4.汽车双柱式举升机的使用方法

(1)操作使用要求：

①举升臂应尽量缩到最小长度，举升胶垫应放在车辆推荐举升部位下面的中部，并调节举升胶垫以便均匀接触。

②先将举升臂升至举升胶垫完全接触车辆，检查是否已牢固负载。

③缓慢将车辆从地面升起确保平衡负载，再举升至所需工作高度。

④放开上升按钮，将车辆降低至安全保险位置，即可进行维修工作。

⑤放下车辆前应先举升车辆，将安全保险打开，再按下降按钮使车辆缓慢下降至举升臂放至最低为止，移开举升臂，驶出车辆。

(2)维护要求：

每月：①检查并重新拧紧地脚螺栓；②用喷雾润滑剂润滑链条/缆索；③检查所有的链条、连接器、螺栓和销，确保可靠牢固；④目测检查所有的液压油管路可能出现的磨损情况；⑤检查立柱内侧的滑块运动是否正确润滑。及时补充高质量的重润滑油脂。所有的地脚螺栓都应该完全拧紧。如果有螺栓因故不起作用，提升机不应使用，直至重新更换螺栓为止。

每六个月：①对所有运动部件可能发生的磨损进行目测检查；②检查所有滑轮的润滑情况，如果滑轮在升降期间出现拖动现象，则要对轮轴添加适量润滑油；③检查并调节平衡缆索的张力，以确保提升机的水平升降；④检查柱体的垂直度。各个立柱内角应用重润滑油润滑，以便将滑块的摩擦减少到最低限度，以保证提升机的平滑、均匀提升。

5.使用汽车双柱式举升机的注意事项

(1)保持机身及周围环境清洁。

(2)必须由受过培训的人员操作该设备。

(3)举升的汽车不得超过设备最大举升质量。

(4)举升机只作举升车辆使用，不准作其他举升使用，更不准偏重举升，以防丝杠损坏。

(5)举升及下降过程中，车下严禁站人。

(6)升降过程中如果发现异常，立即停止使用，并请相关技术人员进行维修。

(7)操作结束后举升车辆必须放回或接近地面，严禁支撑过夜。

(8)每日工作结束后及时切断电源，并将举升机升高离地 10~15cm，每日工作前将举升机落下，保证举升机的良好润滑。

(9)必须严格按操作规程对设备进行维护。

习　题

一、填空题

1.按照动力来源分类，汽车钣金拆装工具可以分为：①_____、②_____、③_____。

2.电动拆装工具：指以_____或_____产生的动力作为动力源，通过传动机构驱动工作头，使之_____或_____的工具。

3.在拆装中我们常用的螺丝刀按不同的头型可以分为_____、_____、_____、

_____、_____、_____和_____等。

4. 安装车轮时,用手托着车轮,对准相应的螺栓孔,带上螺栓,按照_____的原则将车轮螺栓拧上。

5. 螺丝刀的正确使用方法:_____与螺钉匹配;_____与螺钉匹配;_____与螺母垂直;螺钉一般_____方向旋转为嵌紧,_____方向旋转则为松出。

6. 千斤顶的种类主要分为_____、_____、_____等。汽修钣金使用车身结构校正时多用_____。

7. 卧式液压千斤顶使用方法:
①先选好举升位置,_____旋转手柄,将油泵上的_____旋紧,上下摇动手柄,使液压油从油泵中流入_____,使托盘上升。
②欲使托盘下降,_____旋转手柄,微微旋松_____,液压缸_____,液压油从液压缸流回油泵,托盘即逐渐下降。但注意,松回油螺栓时切忌不可_____,否则下降速度过快可能产生危险。

8. 气动拆装工具根据其基本工作方式可分为:_____和_____两种。

9. 螺丝刀又称_____,是一种用来拧转螺钉或螺栓以迫使其就位的工具,通常有一个特殊的形头,可插入对应的螺钉头的槽缝或凹口内。

10. 扳手的种类和用途按开口大小是否可以调节可分为:_____和_____。

11. 汽车举升机按照功能和形状来分:主要有_____、_____、_____和_____四种。

二、判断题

1. 拆装中常见的手动工具主要有:螺丝刀、扳手、手锤、錾子、剪刀、手工锯、手动铆钉枪、钳子、铲刀等。（　　）

2. 使用千斤顶使用前必须检查各部分是否正常。使用时应严格遵守主要参数中的规定,切忌超高超载,否则,当起重高度或起重吨位超过规定时,油缸顶部会发生严重漏油。（　　）

3. 千斤顶将重物顶升后,应及时用支撑物将重物支撑牢固,可以将千斤顶作为支撑物使用。（　　）

4. 合理选择千斤顶的着力点,底面垫平,同时考虑到地面软硬条件。（　　）

5. 使用过程中应避免千斤顶剧烈振动。也适宜在有酸碱、腐蚀性气体的工作场所使用。（　　）

6. 扳手大小必须与螺母大小匹配。（　　）

7. 几台千斤顶同时起重时,应正确安放千斤顶,每台负荷均衡,注意保持起升速度同步。还必须考虑因质量不匀地面可能下陷的情况,防止被举重物产生倾斜而发生危险。（　　）

8. 千斤顶下降时油缸卸荷,应逐渐下降。否则,下降速度过快将产生危险。（　　）

9. 扳手使用优先向后拉,尽量避免前推。（　　）

10. 使用扳手时,扳手手柄轴线与螺栓轴线应平行,避免倾斜。（　　）

11. 主要气动拆装工具有:气动螺丝刀、气动铆钉枪、气动锯、气动钻、气动扳手、气动剪、气动角磨机等。（　　）

12.拧紧力矩较大时,可以使用快速扳手。　　　　　　　　　　　　　　　　　　(　　)

三、简答题

1.简述汽车双柱式举升机的主要组成部分。
_____
_____
_____
_____
_____

2.在日常作业中,使用汽车双柱式举升机有哪些注意事项?
_____
_____
_____
_____
_____

四、图表题

(1)将不同类型的扳手图形旁的空格内填写其名称,并在靠右的一栏中选择对应扳手的特点。

课 后 习 题 表

图片展示	名　　称	特点简介

续上表

图片展示	名　称	特点简介

(2)完善下图中千斤顶各配件的名称的填写。

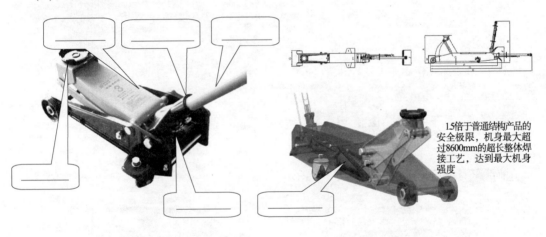

1.5倍于普通结构产品的安全极限，机身最大超过8600mm的超长整体焊接工艺，达到最大机身强度

项目三　前部车身结构

学习目标

完成本项目学习后，你应能：
1. 准确复述前部车身构件的位置和名称；
2. 掌握前部车身构件的具体组成及其与车身的连接情况。

建议学时

2学时。

轿车车身通常分为三段，即由前部车身、中部车身和后部车身三大部分及相关构件组成。

一、前部车身构件位置与名称

(一) 前部车身的范围

前部车身的范围如图3-1和图3-2所示。

图3-1　前部车身(正前)　　　　图3-2　前部车身(侧面)

本课程以发动机前置、前轮驱动的轿车的前车身的结构为例进行介绍。前部车身的范围从车头最前端到前围板及窗框下横梁之间的所有区域。前部车身除了装有发动机、前悬架及转向装置等机修总成外，还包含有前保险杠、中网、前照灯、前防撞梁、前翼子板、前翼子板内衬、发动机舱盖、发动机散热框架、前纵梁、前轮罩(又称翼子板骨架、前悬架支撑板、大包等)、前围板、发动机安装支撑架(副车架、元宝梁)等。

另外，由于发动机有前纵置与前横置之分，所以两种形式前车身略有不同。

(二) 前部车身构件的位置与名称

前部车身构件如图 3-3 所示，包含以下构件：发动机舱盖、中网、中网标、前保险杠、前照灯、前翼子板、前翼子板内衬等。

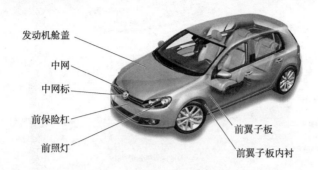

图 3-3　前部车身构件的位置与名称

二、前部车身构件的具体组成及其与车身的连接情况

(一) 前保险杠

1. 前保险杠的作用

目前市场上车辆塑料保险杠的主要作用如下：

(1) 吸能缓冲、保护驾乘人员及行人。

(2) 装饰美化车身。

(3) 轻量化，降低整车质量。

(4) 降低风阻，减小行驶阻力。

2. 前保险杠的种类

按照保险杠使用的材料不同，目前常见的保险杠可以分为以下几种：

(1) 钢材保险杠：多用于货车和部分越野车。

(2) 合金材料保险杠：多用于保险杠内防撞梁或前保险杠护杠。

(3) 塑料保险杠：广大轿车、越野车、部分大中客车、部分货车等。

(4) 碳素纤维保险杠：中高档轿车、跑车。

(5) 玻璃钢制保险杠：大部分客车及部分轿车。

3. 前保险杠的组成

车辆前保险杠根据车型不同结构也不同，复杂程度也随车辆级别的上升而增加，根据车辆级别不同，一些车型前保险杠还包含前保险杠吸能块、前照灯喷水器、导流板、散热器盖板、行车雷达等配件。本课程内容以高尔夫轿车为例进行介绍，如图 3-4 和图 3-5 所示。

4. 前保险杠与车身的连接

前保险杠与车身主要依靠保险杠导槽、螺钉、卡扣等进行连接，如图 3-6 所示。

(二) 中网

1. 中网的作用

中网主要用于美化车身和加强空气流动对散热器进行散热。

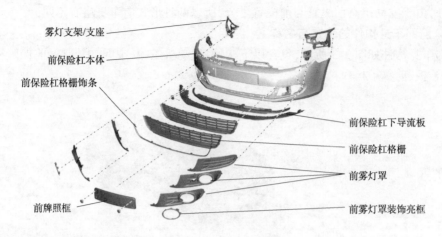

图 3-4　前保险杠的组成

图 3-5　前保险杠防撞横梁组成

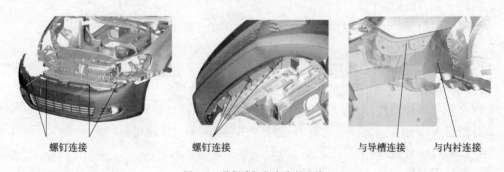

图 3-6　前保险杠与车身的连接

2. 中网的组成

常见的中网主要由中网本体、中网标志、电镀装饰条(框)组成,大部分中网使用热固性塑料制造,损坏后不可使用加热方式进行修复,加之属于外观件,故以更换为主。

3. 中网的与车身的连接

中网与车身的连接主要依靠固定的卡槽、卡扣或螺栓,如图 3-7 所示。

(三)发动机舱盖

1. 发动机舱盖的作用

发动机舱盖(又称发动机罩),其主要作用是:作为车身最大的覆盖件,除了美观车身,对发动机舱内构件进行保护外，目前的轿车发动机舱盖还具有隔热隔音、减小行驶空气阻力等作用。

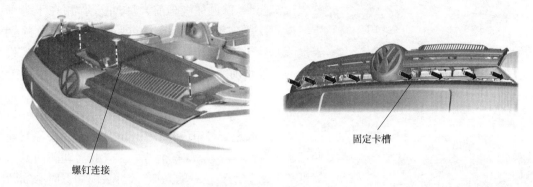

图 3-7　中网与车身的连接

2. 发动机舱盖的组成

发动机舱盖根据车型不同，组成部分也有一定差异，但基本都包含以下配件：发动机舱盖本体(分为外板和加强板，通过折边方式结合)、锁钩、铰链、调整缓冲件、充气弹簧(或撑杆)、密封胶条、隔音垫(耐高温材料制成)等，如图 3-8 所示。部分车型还包含电镀装饰条、格栅、前风挡喷水嘴等配件。

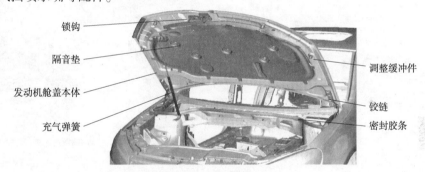

图 3-8　发动机舱盖组成

3. 发动机舱盖与车身的连接

发动机舱盖与车身主要依靠螺栓、螺钉、弹簧夹进行连接，如图 3-9 所示。

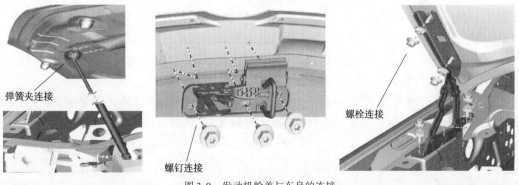

图 3-9　发动机舱盖与车身的连接

(四)汽车前照灯

1. 汽车前照灯的作用

汽车前照灯,也称汽车前大灯,主要作用在于为车主在夜间及恶劣天气中行车提供照明,或发出危险警告提醒其他车辆或行人,以保证交通安全。此外,现代车辆的个性化前照灯还具有美化车身的作用。

2. 汽车前照灯的组成

汽车前照灯主要由灯罩(灯壳)、灯泡、反光镜、灯座、密封罩、固定架等组成,如图3-10所示。对于氙气前照灯还包含升压器、氙气灯泡等。氙气灯启动瞬间升压器可产生3.5万V左右的高压,故拆装前照灯时必须断电操作。

目前汽车前照灯有2灯制和4灯制两种,现在主流为4灯制。4灯制前照灯灯泡包含近光灯、远光灯、小灯、转向灯。灯泡主要有卤素灯泡、氙气灯泡和LED灯三种。

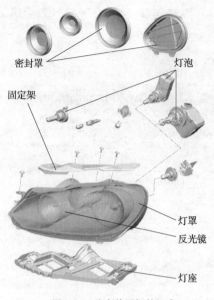

图 3-10 汽车前照灯的组成

3. 汽车前照灯与车身的连接

汽车前照灯主要依靠灯座及螺栓与车身进行连接,如图3-11所示。

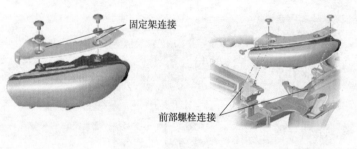

图 3-11 汽车前照灯与车身的连接

(五)前翼子板

1. 前翼子板的作用

前翼子板的主要作用是与车门、发动机舱盖、前保险杠、前照灯等构件形成平缓过渡,美化车身,同时根据流体力学原理,减小风阻系数,降低行驶阻力,让车行驶更加平稳。前翼子板安装在前轮处,因为前轮有转向功能,所以必须要保证前轮转动时的最大极限空间。前翼子板根据车型不同,制造使用的材料也不同,目前主要有钢材、铝合金、玻璃钢、塑料4种。

2. 前翼子板的组成

前翼子板由前翼子板本体、前翼子板支架、泡沫支撑件、翼子板封板(延伸件)等组成,如图3-12所示。部分车型还装有转向灯、电镀装饰条等配件。

3. 前翼子板与车身的连接

前翼子板通过螺栓与前翼子板支架、前翼子板支撑件、A柱、门槛前端相连,具体情况如图3-12所示。

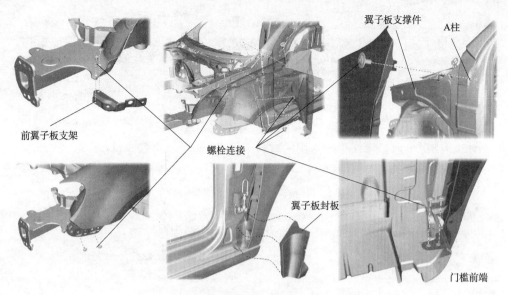

图 3-12　汽车前翼子板组成及与车身的连接

习　题

一、填空题

1. 保险杠的主要作用有_____、_____、_____、_____和_____5大方面。
2. 保险杠内部,增加泡沫或橡胶_____及_____,在发生重大交通事故时可以吸收撞击能量,缓冲冲击力,降低碰撞冲击对车辆自身及驾乘人员的伤害。
3. 保险杠的连接通常以_____、_____及_____连接为主。
4. 保险杠拆装前需要做的个人安全防护包括穿工作服、戴_____、穿_____和戴_____。
5. 车身通常分为三段,即由_____、_____和_____三大部分及相关构件组成。
6. 前车身的范围是:从车头最前端到_____及_____之间的所有区域。
7. 前保险杠的作用有:_____、保护驾乘人员及行人;_____车身;_____,降低整车质量;降低风阻,减小_____。
8. 保险杠使用的材料不同,常见的保险杠可以分为_____、_____、_____、_____、_____5类。
9. 中网主要由_____、_____、_____组成。
10. 发动机舱盖(又称_____),其主要作用有:_____车身;对发动机舱内构件进行_____;隔_____隔_____;减小_____等作用。
11. 汽车前照灯,也称_____,主要作用在于为车主在_____及_____中行车提供照明,或发出_____提醒其他车辆或行人,以保证交通安全。此外,现代车辆的个性化前照灯还具有_____的作用。
12. 目前汽车前照灯有_____灯制和_____灯制两种,现在主流为_____灯制,其前照灯灯泡按功能不同,分为:_____、_____、_____。灯泡按种类不同主要有_____、_____和_____三种。

13．前翼子板由_____、_____、_____、_____等组成。部分车型还装有_____，_____等配件。

二、选择题

1．老款桑塔纳前保险杠根据使用的材料不同，属于(　　)保险杠。
   A．钢材保险杠　　B．塑料保险杠　　C．碳素纤维保险杠　　D．玻璃钢保险杠

2．BJ212越野车前保险杠根据使用的材料不同，属于(　　)保险杠。
   A．钢材保险杠　　B．塑料保险杠　　C．碳素纤维保险杠　　D．玻璃钢保险杠

3．老款桑塔纳前保险杠与车身前纵梁梁头部位有(　　)个螺栓连接。
   A．2　　　　　　　B．4　　　　　　　C．6　　　　　　　D．8

4．拆卸老款桑塔纳前保险杠与车身前纵梁梁头部位的螺栓连接，应选择(　　)工具。
   A．M10的梅花扳手　　　　　　　　B．M12的梅花扳手
   C．M13的梅花扳手　　　　　　　　D．M15的梅花扳手

5．断开老款桑塔纳前保险杠处雾灯线束接头，应选择(　　)工具。
   A．梅花扳手　　B．十字螺丝刀　　C．一字螺丝刀　　D．米字螺栓刀

6．拆卸老款桑塔纳前保险杠应先将空气滤清器前段拆下，该车空气滤清器前段与车身的连接的连接情况是(　　)。
   A．膨胀卡扣和十字自攻螺钉　　　　B．膨胀卡扣和螺栓
   C．十字自攻螺钉和螺栓　　　　　　D．一字自攻螺钉和螺栓

7．老款桑塔纳前保险杠左右保险杠支架位于(　　)。
   A．纵梁上　　B．前照灯框架上　　C．前翼子板上　　D．前轮罩上

8．明锐车前保险杠使用(　　)个T30的螺栓进行连接。
   A．1　　　　　　　B．2　　　　　　　C．3　　　　　　　D．4

9．明锐车前保险杠使用(　　)个膨胀卡扣(抽芯卡扣)进行连接。
   A．1　　　　　　　B．2　　　　　　　C．3　　　　　　　D．4

10．明锐车前防撞梁的拆卸应使用(　　)。
    A．M6的内花键　　　　　　　　　B．M8的内花键
    C．M10的内花键　　　　　　　　 D．M12的内花键

11．氙气前照灯与普通前照灯相比，除了使用的灯泡不同外，最大的区别是(　　)。
    A．使用反光镜　　B．使用透镜　　C．使用升压器　　D．使用调压器

12．桑塔纳轿车的前翼子板使用的材料是(　　)。
    A．钢材　　　　　B．铝合金　　　C．玻璃钢　　　　D．塑料

13．宝马7系轿车的前翼子板使用的材料是(　　)。
    A．钢材　　　　　B．铝合金　　　C．玻璃钢　　　　D．塑料

三、判断题

1．拆下的保险杠应放置在毯子上，并将拆下的附件及螺钉放在指定位置。　　(　　)

2．拆卸老款桑塔纳前保险杠应先拆下前照灯，方可拆下保险杠。　　　　　　(　　)

3．拆卸明锐车前保险杠应先拆下前照灯，方可拆下保险杠。　　　　　　　　(　　)

4. 拆除前保险杠附件时必须注意附件和漆面的保护。 （ ）
5. 拆卸膨胀卡扣时可以直接使用卡扣起撬下整个膨胀卡扣。 （ ）
6. 拆卸拧紧力矩较大的螺栓时可以使用快速扳手（棘轮扳手）先拧松。 （ ）
7. 实操中，为了方便前保险杠侧面螺钉的拆卸，可以直接起动车辆，转动转向盘使操作空间增大。 （ ）
8. 为了方便其他拆装操作，拆装氙气前照灯的同时可打开点火开关。 （ ）
9. 中网的主要作用是美化车身和加强空气流动对散热器进行散热。 （ ）
10. 氙气前照灯启动瞬间升压器可产生 3.5 万 V 的高压。 （ ）
11. 大部分中网使用热固性塑料制造，损坏后不可使用加热方式进行修复，加之属于外观件，故以更换为主。 （ ）

四、填图题

1. 填写下图中所指位置处前保险杠配件的名称。

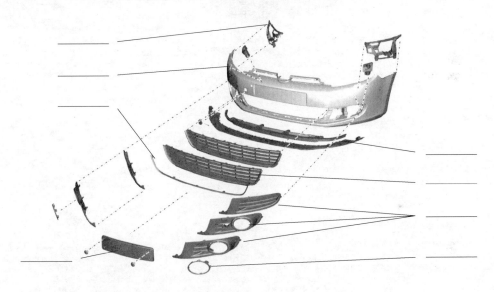

2. 填写下图中所指位置处发动机舱盖配件的名称。

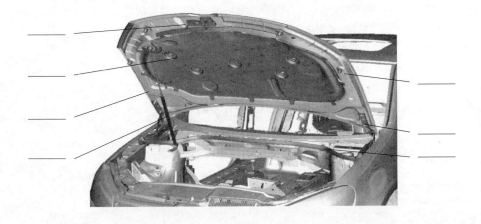

3. 填写下图中所指位置处前照灯配件的名称。

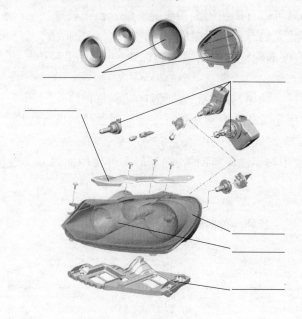

项目四 中部车身结构

学习目标

完成本项目学习后,你应能:
1. 准确复述中部车身构件的位置和名称;
2. 掌握中部车身构件的具体组成及其与车身的连接情况。

建议学时

2学时。

一、中部车身构件位置与名称

(一)中部车身的范围

中部车身的范围如图4-1和图4-2所示。

图4-1 中部车身(侧面)

　　轿车中部车身主要为驾驶室及乘客舱部分,是驾乘人员活动的区域,位于前围板以后,行李舱隔板以前的区域。为了保证驾乘人员在交通事故中的安全,整个中部车身被制造成车辆中最坚硬的部位,以保证驾乘人员的生存空间。中部车身根据车型不同,大部分车辆中部车身除了装有大量线束、转向操作装置、动力控制装置、变速传动控制装置等总成外,还包含各种仪表装饰、内饰、座椅、地板、地板横梁等。

(二)中部车身构件位置与名称

中部车身构件,主要包含以下构件:前风窗玻璃、A柱外板、A柱内饰板、B柱外板、B柱内饰板、C柱外板、C柱内饰板、车顶、车顶内饰板、车顶辅助把手、车内后视镜、车外后视镜、车门、门槛、座椅、中控台、仪表台、中央扶手等。

（1）中部车身外部构件如图4-2所示。

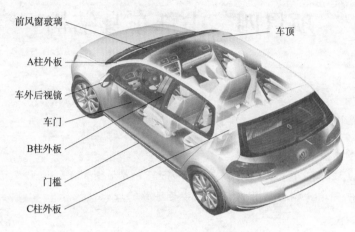

图4-2　中部车身外部构件名称

（2）中部车身内部构件如图4-3所示。

图4-3　中部车身内部构件名称

二、中部车身构件的具体组成及其与车身的连接情况

（一）前风窗玻璃

1. 前风窗玻璃的作用

前风窗玻璃能保证驾驶人有良好的能见度、视野开阔，在遇到碰撞、飞石等情况下玻璃被打破而不伤人，能遮风、挡雨、密闭、采光，并起到构成车身外形和装饰外观的作用。

2. 前风窗玻璃的种类

（1）按照玻璃的性能及制造的工艺不同可以分为以下几种：

①钢化玻璃：是将平板玻璃由炽热状态骤冷，使表面对其芯部造成挤预应力，而获得的

高强度玻璃。钢化玻璃弯曲强度、冲击强度、疲劳强度比普通玻璃高3~4倍,热稳定性高,可经受120~130℃的温度差而不炸裂。破碎后形成黄豆大小的细粒且没有尖角,无锋锐的碎片,无碎屑飞散,不致伤人,使用安全性好。但成形后不能进行切割、钻孔加工。汽车用钢化玻璃厚度一般为3~5mm,相对质量比层压玻璃高。

②局部钢化玻璃:是在制造时的强化处理过程中,让部分部位(中央部分)冷却缓慢,其表面残留压缩应力较小,破片较粗可使驾驶人前方视野清楚。

③夹层玻璃:是在两层或三层普通薄片玻璃之间夹透明可黏结性塑料,通过黏结剂、软化剂处理,再经过滚压、热处理使之黏合逐渐冷却而制成,如图4-4所示。通常玻璃间夹入的透明的黏结薄膜为聚乙烯甲酯或聚乙烯醇缩丁醛(PVB)薄膜。具有优良的力学性能,抗弯曲强度比钢化玻璃小,当冲击速度增加时,冲击强度比钢化玻璃高得多,夹层玻璃在被击碎后玻璃碎块仍旧黏在塑料夹层上,碎片最长不大于5mm。无碎屑,夹层玻璃可以用刀具随意切割,前面的风窗玻璃还可以在中间夹层内上半部改成浅绿色或天蓝色薄膜,以减少阳光对驾驶人照射的程度。夹层玻璃是现代汽车前风窗玻璃最理想的安全玻璃。

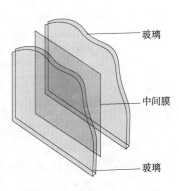

图4-4 夹层玻璃示意图

(2)按照前风窗玻璃所具有的功能不同,还可以分为:带太阳过滤彩带前风窗玻璃、带雨量感应型前风窗玻璃、带灯光感应型前风窗玻璃等,如图4-5所示。

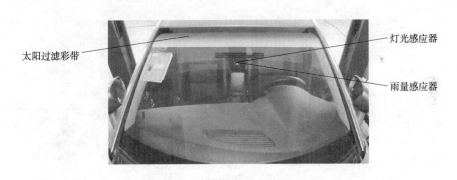

图4-5 带特殊功能的前风窗玻璃

除了前风窗玻璃外,车窗玻璃根据使用的区域和功能要求不同,还有除霜玻璃、双层中空玻璃、防爆玻璃等具有特殊功能的玻璃。

3.前风窗玻璃与车身的连接

前风窗玻璃与车身的连接主要通过玻璃胶的黏合作用进行连接,如图4-6所示。

(二)中部车身内饰板

1.内饰板的作用

汽车内饰板主要是指汽车车身内部包裹车身钢材或铝材所用到的汽车产品,主要使用塑料、皮革、纺布等材料制造。内饰的主要作用不仅有装饰作用,还包含它们所涉及的功能性、安全性等。

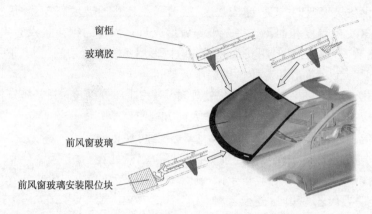

图 4-6　前风窗玻璃与车身的连接

2. 中部车身内饰板的组成

中部车身常见的内饰板主要有：A柱内饰板、B柱内饰板、C柱内饰板、车顶内饰板、门槛饰板、车门内饰板、仪表内饰板、侧围内饰板、座椅饰板、中控台饰板等。内饰板均属于外观件，故损坏后以更换为主。

3. 内饰板的与车身的连接

内板饰与车身的连接主要依靠固定的卡槽、卡扣或螺钉进行连接，如图4-7～图4-12所示。本部分未展示的内饰板将在后续内容中逐一介绍。

对内饰板进行拆装时应做好相应的防护，避免将内饰板刮花变形。

图 4-7　A柱内饰板　　　　　图 4-8　B柱内饰板

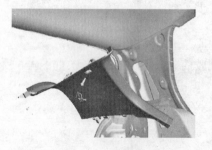 

图 4-9　C柱内饰板　　　　　图 4-10　侧围内饰板

项目四　中部车身结构

图 4-11　车顶内饰板

图 4-12　顶灯及天窗控制面板

(三)仪表台

1.仪表台的作用

仪表台主要作用是:仪表台除了具有美化车内操纵空间的作用外,还是众多仪表、电气设备安装的基体。此外仪表台较多使用柔性材料,发生交通事故时还起到保护驾乘人员的作用。

2.仪表台的组成

仪表台根据车型不同,组成部分也有一定差异,但基本都包含以下配件:仪表板本体、空调出风口、仪表板侧面饰板、灯光控制面板、转向柱饰板、气囊饰板、杂物箱、导航面板、收音机面板、转向盘、仪表盘等,如图 4-13 所示。

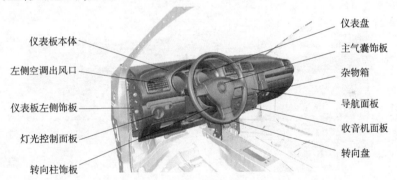
图 4-13　仪表台组成

3.仪表台与车身的连接

仪表台与车身主要依靠螺栓、螺钉、卡扣等进行连接,如图 4-14～图 4-25 所示。由于仪表台包含大量饰板等外观件,故拆装时也需注意做好防护,避免造成刮花或变形等损伤。

图 4-14　空调左侧出风口

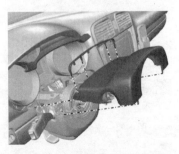
图 4-15　仪表台饰板

图 4-16　仪表盘

图 4-17　灯光开关

图 4-18　转向柱饰板

图 4-19　杂物箱

图 4-20　收音机

图 4-21　导航安装支架

图 4-22　空调中部出风口

图 4-23　导航饰板

图 4-24 CD 机饰板　　　　　　图 4-25 收音机饰板

(四) 汽车座椅

1. 汽车座椅的作用

汽车座椅主要作用在于为乘人员提供便于操作、舒适、安全的驾驶、乘坐位置。其头部、颈部、背部支撑也属于被动安全装置。

2. 汽车座椅的组成

常见的汽车座椅主要有驾驶人座椅、副驾座椅、后排乘客座椅、儿童安全座椅等几种。根据车辆的配置不同,还有真皮座椅、绒布座椅等几种。大部分座椅均由头枕、靠背、坐垫、饰板、调节开关、底架、坐垫骨架、靠背骨架等组成,如图 4-26 ~ 图 4-29 所示。对于部分中高档汽车座椅还附带有空调、加热及安全气囊等装置。

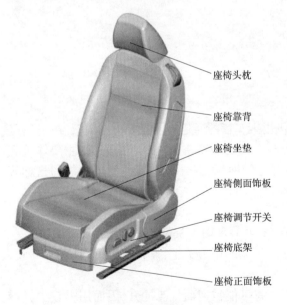 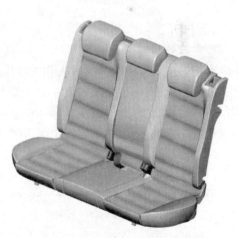

图 4-26 前排座椅　　　　　　图 4-27 后排座椅

3. 汽车座椅与车身的连接

汽车座椅主要依靠螺栓与车身进行连接,通过螺栓使座椅底座与乘客舱地板横梁相连接,如图 4-30 所示。

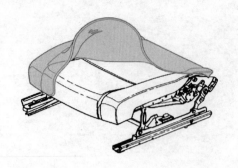
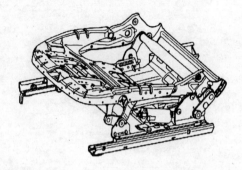

图 4-28 坐垫及坐垫骨架

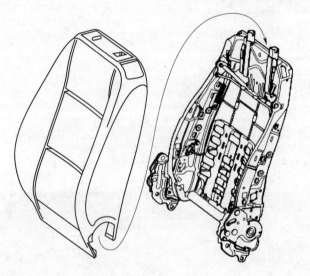

图 4-29 靠背及靠背骨架　　　　图 4-30 座椅与车身的连接

（五）车门

1. 车门的作用

车门的主要作用是为驾驶人和乘客提供出入车辆的通道,并隔绝车外干扰,在一定程度上减轻侧面撞击,保护乘员。汽车的美观也与车门的造型有关。车门的好坏,主要体现在:车门的防撞性能、车门的密封性能、车门的开合轻便性,此外还有其他使用功能的指标等。防撞性能尤为重要,因为车辆发生侧碰时,缓冲距离很短,很容易伤到车内人员。

2. 车门的种类

（1）车门按其开启方式可分为以下几种（图 4-31～图 4-35）：

①顺开式车门：即使在汽车行驶时仍可借气流的压力关上,比较安全,而且便于驾驶人在倒车时向后观察,故被广泛采用。

②逆开式车门：在汽车行驶时若关闭不严就可能被迎面气流冲开,因而用得较少,一般只是为了改善上下车方便性及适于迎宾礼仪需要的情况下才采用。

③水平移动式车门：它的优点是车身侧壁与障碍物距离较小的情况下仍能全部开启。多用于商务车、微型面包车等。

④上掀式车门：广泛用作轿车及轻型客车的后门,也应用于低矮的汽车。

⑤折叠式车门：广泛应用于大、中型客车上。

项目四 中部车身结构

图 4-31 顺开式车门

图 4-32 逆开式车门

图 4-33 水平移动式车门

图 4-34 上掀式车门

（2）车门按其生产工艺可分为以下几种：

①整体式车门：内外板由整块钢板冲压后包边而成，该生产方式初次模具投入成本较大，但可相应降低相关检具夹具，材料利用率较低。

②分体式车门：由车门框总成和车门内外板总成拼焊而成，门框总成可采用滚压方式生产，成本较低，生产率较高，整体相应模具成本较低，但后期检具夹具成本较高，且工艺可靠性较差。

图 4-35 折叠式车门

整体式车门和分体式车门在整体成本方面相差不是很大，主要是根据相关的造型要求确定相关的结构形式。由于目前汽车造型要求较高，且生产效率要求较高，车门整体结构趋向于分体式。

3. 车门的组成

轿车的车门一般由车门门体、车门附件和车门内饰板三部分组成。

（1）车门门体包括车门内板、车门外板、车门窗框、车门加强横梁和车门加强板，如图 4-36 所示。

（2）车门附件主要包括门锁机构、玻璃升降机构及其他附件。

①门锁机构：由车门外把手、车门内把手、锁机构、锁连杆（拉索）、锁芯、锁销、锁扣等组成，如图 4-37 所示。

②玻璃升降机构：由外压条、内压条、玻璃导轨、玻璃导槽、车门玻璃、玻璃托架、玻璃升降开关、玻璃升降电动机、卷丝机构等组成，如图 4-38 所示。

47

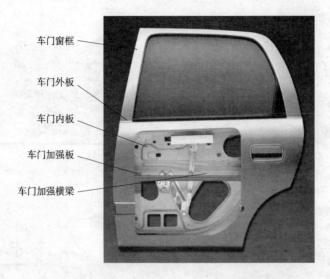

图 4-36　车门门体组成

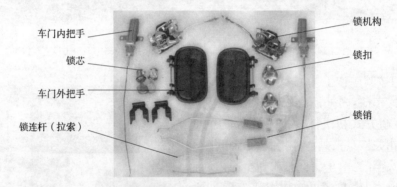

图 4-37　门锁组成

图 4-38　玻璃升降机构

其中玻璃导轨、玻璃托架、卷丝机构、直流电动机、安装支架、钢丝等共同组成玻璃升降机,如图 4-39 所示。

项目四　中部车身结构

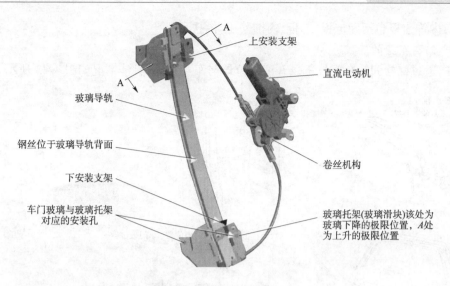

图 4-39　玻璃升降机

③其他附件：由车门铰链、车门开度限位器、车门密封条、车门音响、隔音阻尼垫等组成，如图 4-40～图 4-42 所示。

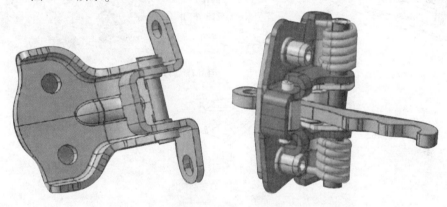

图 4-40　车门铰链　　　　　　　　图 4-41　车门开度限位器

图 4-42　车门密封条

49

(3)内饰盖板包括固定板、芯板、内饰蒙皮、内扶手。

4. 车门与车身的连接

车门通过螺栓固定车门铰链及开度限位器与车身相连,具体情况如图4-43所示。

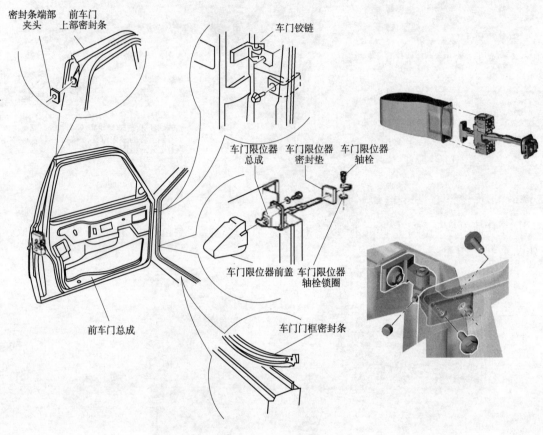

图4-43 前车门安装简图

习　题

一、填空题

1. 轿车中部车身主要为驾驶室及乘客舱部分,是驾乘人员活动的区域,位于_____以后,_____以前的区域。

2. 按照玻璃的性能及制造的工艺不同可以分为以下几种:①_____;②_____;③_____。

3. _____前风窗玻璃可以根据雨量的大小自行调节刮水器的刮水速度。

4. 前风窗玻璃与车身的连接主要通过_____的黏合作用进行连接。

5. 仪表台的作用是:①_____;②_____;③_____。

6. 车门的好坏,主要体现在,车门的_____,车门的_____,车门的_____,此外还有其他使用功能的指标等。

7. 轿车的车门一般由_____、_____和_____三部分组成。
8. 车门附件主要包括_____、_____及_____。
9. 车门按其生产工艺可分为以下两种：①_____；②_____。
10. 常见的玻璃升降机构主要由_____、_____、_____、_____、_____、_____、_____、安装支架等组成。
11. 前风窗玻璃的作用有：_____；_____；_____；_____。

二、选择题

1. 大多数轿车后风窗玻璃通常使用的玻璃是(　　)。
　　A. 除霜玻璃　　　　　　　　　　B. 双层中空玻璃
　　C. 防爆玻璃　　　　　　　　　　D. 局部钢化玻璃
2. 大多数轿车的前风窗玻璃使用的是(　　)。
　　A. 夹层玻璃　　　　　　　　　　B. 钢化玻璃
　　C. 局部钢化玻璃　　　　　　　　D. 普通玻璃
3. 桑塔纳车门属于(　　)。
　　A. 水平移动式车门　　　　　　　B. 顺开式车门
　　C. 逆开式车门　　　　　　　　　D. 上掀式车门
4. 长安之星面包车中间车门属于(　　)。
　　A. 水平移动式车门　　　　　　　B. 顺开式车门
　　C. 逆开式车门　　　　　　　　　D. 上掀式车门
5. 车门的(　　)指标等最为重要。
　　A. 密封性能　　　　　　　　　　B. 隔音性能
　　C. 防撞性能　　　　　　　　　　D. 开合轻便性
6. 拆卸款桑塔纳 A 柱饰板所用的工具是(　　)。
　　A. 一字螺丝刀　　B. 呆扳手　　C. 梅花扳手　　D. 套筒扳手
7. 拆卸款桑塔纳前排座椅所用的工具是(　　)。
　　A. 一字螺丝刀　　B. 呆扳手　　C. 梅花扳手　　D. 套筒扳手
8. 拆卸款桑塔纳车窗玻璃时玻璃应位于(　　)。
　　A. 顶部极限位置　　B. 中部　　C. 底部极限位置
9. 车窗玻璃通过(　　)固定在玻璃升降器上。
　　A. 卷丝机构　　B. 玻璃托架　　C. 玻璃导轨　　D. 玻璃导槽
10. 汽车座椅主要依靠(　　)与车身进行连接。
　　A. 铆钉　　　　B. 螺栓　　　　C. 螺钉　　　　D. 卡扣
11. 车顶辅助把手通过(　　)来进行固定。
　　A. 铆钉　　　　B. 螺栓　　　　C. 螺钉　　　　D. 卡扣

三、判断题

1. 夹层玻璃是现代汽车前风窗玻璃最理想的安全玻璃。　　　　　　　　(　　)
2. 带灯光感应型前风窗玻璃可以根据光照强度大小来自行变换前照灯远近光。(　　)
3. 车身内饰板的只有装饰作用。　　　　　　　　　　　　　　　　　　(　　)

4. 车门开度限位器的作用是在某些位置给予一定阻力卡住车门，防止车门轻易移动。
（　　）
5. 车门外板一般使用1mm以上钢板冲压成型。（　　）
6. 折叠式车门广泛应用于轿车上。（　　）
7. 玻璃升降机上采用的电动机一般均为交流电动机。（　　）
8. 发生碰撞导致玻璃升降导轨轻微变形后，可进行修复。（　　）
9. 目前汽车造型要求较高，且生产效率要求较高，车门整体结构趋向于分体式。（　　）
10. 车门铰链、车门开度限位器、车门密封条、车门音响、隔音阻尼垫等也属于车门附件。
（　　）
11. 汽车座椅的作用在于为乘人员提供便于操作、舒适、安全的驾驶及乘坐位置。其头部、颈部、背部支撑也属于被动安全装置。（　　）

四、填图题

1. 填写下图中所指位置处中部车身外部构件的名称。

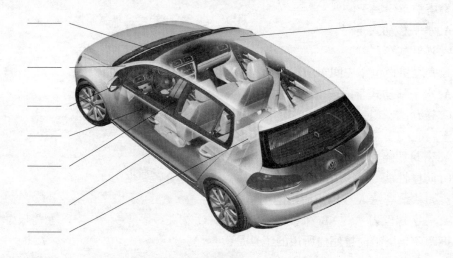

2. 填写下图中所指位置处仪表台配件的名称。

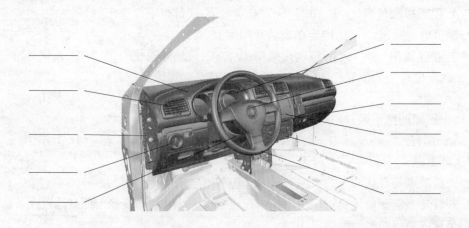

3. 填写下图中所指位置处前排座椅配件的名称。

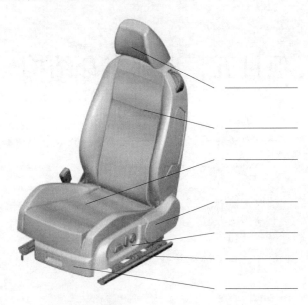

4. 填写下图中所指位置处玻璃升降机构配件的名称。

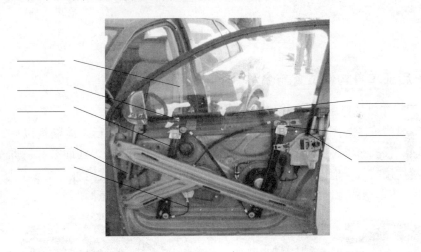

项目五　后部车身结构

学习目标

完成本项目学习后,你应能:
1. 准确复述后部车身构件的位置和名称;
2. 掌握后部车身构件的组成;
3. 掌握后部车身构件与车身的连接情况。

建议学时

2学时。

一、后部车身构件位置与名称

（一）后部车身的范围

后部车身的范围如图5-1、图5-2所示。轿车后部车身位于行李舱隔板以后,后保险杠以前的区域。根据车型不同,按照有无行李舱隔板可以把轿车分为两厢车和三厢车。此外,目前轿车所使用的行李舱隔板也存在焊接固定式和可拆卸活动式两种。图5-1、图5-2所示高尔夫轿车,该车型的乘客舱同行李舱无行李舱隔板分隔,故属于两厢车。

图5-1　后部车身(正面)

图5-2　后部车身(侧面)

（二）后部车身构件的位置与名称

1. 后部车身外部构件

后部车身外部构件如图5-3所示,包含以下构件:后风窗玻璃、后尾灯、行李舱盖(后举升门)、后保险杠、后翼子板、后扰流器等。

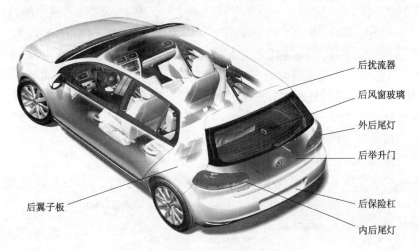

图 5-3　后部车身外部构件名称

2. 后部车身内部构件

后部车身内部构件包含以下构件：窗台盖板、窗台盖板支撑板、后翼子板内饰板、行李舱内饰板、备胎盖板、行李舱锁扣盖板、举升门内饰板等，如图 5-4 所示。

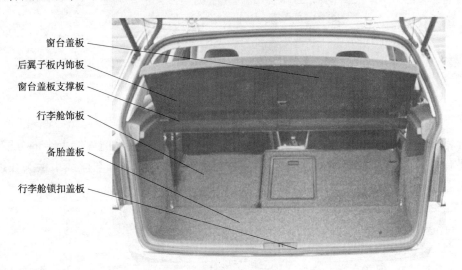

图 5-4　后部车身内部构件名称

二、后部车身构件与车身的连接情况

(一) 后风窗玻璃

1. 后风窗玻璃的作用

(1) 提供良好的车内采光。汽车后风窗玻璃采用透明度略微低于前风窗玻璃的钢化玻璃制成，可为车内空间提供良好的采光。此外，大部分后风窗玻璃带有阻尼加热丝，可对后风窗玻璃进行加热除霜。在遇到下雨或下雪天气时，为保持良好的透光和视线，后风窗玻璃上还装有后刮水器(尤其是两厢车),用于扫除玻璃上的积水或积雪。

(2)减小空气阻力,美化车身。轿车后风窗玻璃与车身其他部位形成平缓过渡,符合空气动力学要求和美学要求,可减小行驶中的空气阻力,降低油耗。此外,不同造型的后风窗玻璃搭配不同外形的车身,充分考虑不同人群的审美观,使车身更具个性化。

(3)保证驾驶安全。后风窗玻璃直接影响到车内后视镜的使用,为观测后方来车提供视野,为倒车提供车外后视镜盲区视野。

2. 后风窗玻璃的组成

轿车后风窗玻璃主要包括后风窗玻璃和玻璃胶条(压条)两部分。

3. 后风窗玻璃与车身的连接

后风窗玻璃主要依靠玻璃胶的粘接作用与后车身后风窗玻璃框进行连接的,如图5-5所示(图中红色三角形部分为玻璃胶粘接部位,带斜线部分为后风窗玻璃,红色三角尖端所指部位为后风窗玻璃框)。

图5-5 后风窗玻璃与车身的连接

拆装后风窗玻璃需要先拆除后刮水器,后风窗玻璃胶条,举升门内饰上半部分,在拆卸中需要对玻璃表面、漆面进行相应的保护,特别注意:后风窗玻璃加热丝线束接头在拆卸举升门内饰上半部分后需要断开,安装时务必不可漏接。

(二)后举升门(行李舱盖)

1. 后举升门的作用

(1)提供后部车身人员或货物进出的通道。

(2)吸能缓冲,保护后部人员安全。

(3)减小空气阻力,美化车身。

2. 后举升门的组成及与车身的连接

后举升门的组成及与车身的连接如图5-6、图5-7所示。

后举升门根据车型不同,组成部分也有一定差异,但基本都包含以下配件:举升门壳体、举升门门锁机构、铰链、液压挺柱、密封胶条及举升门内饰板等。

后举升门主要通过螺钉、螺钉、卡簧使后举升门铰链、液压挺柱及举升门门锁机构与车身连接,尤其是铰链和举升门门锁的三个位置基本决定了后举升门在车身上的空间位置,在对后举升门进行缝隙的调整对位时需要特别留意关注。

项目五 后部车身结构

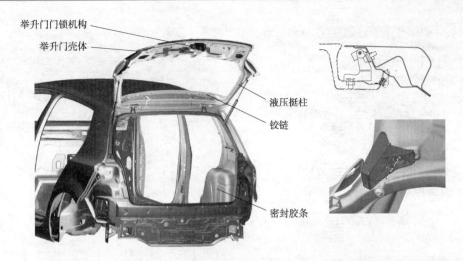

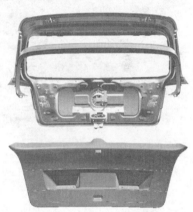

图 5-6 后举升门的组成及其与车身的连接

此外,在对后举升门进行整体拆卸或对位调整时,务必需要两名维修人员共同操作,防止举升门拆卸或安装时滑落,造成损伤。

(三) 行李舱内饰

1. 行李舱内饰的作用

行李舱内饰主要作用是:美化车内空间,保护驾乘人员及所载货物。包裹在车身钢材或铝材表面的内饰板,在发生人体与车身撞击时,能够吸能缓冲,起到保护车内人员及所载货物的作用。

2. 行李舱内饰的组成及其与车身的连接

行李舱内饰的组成及其与车身的连接如图 5-8 ~ 图 5-12 所示。行李舱内饰根据车型不同,组成部分也有一定差异,但基本都包含以下配件:窗台盖板、窗台盖板支撑板、行李舱饰板、备胎盖板、行李舱锁扣盖板等。行李舱内饰与车身的连接主要依靠固定的卡槽、卡扣或螺钉进行连接,行李舱内饰板目前主要以塑料件、尼龙材质为主,均属于外观件,在对其进行拆装时应做好相应的防护,避免暴力拆卸、强塞硬扣,使用尖锐工具务必防止内饰板被刮花变形。

图 5-7 后举升门上下内饰板

图 5-8 窗台盖板支撑板

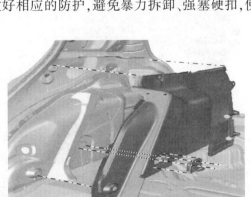

图 5-9 行李舱饰板

57

图 5-10 窗台盖板

图 5-11 行李舱锁扣盖板

（四）汽车后尾灯

1. 汽车后尾灯的作用

汽车后尾灯主要作用在于车辆在夜间行车时提示后车前面有车存在，并显示出两车间的位置关系，所以装在车后的两侧。日本的安全法规与欧洲标准 ECE7 相同。汽车后尾灯中心附近的发光强度为 4~12cd，灯光色为红色。

2. 汽车后尾灯的组成及其与车身的连接

汽车后尾灯的组成及其与车身的连接如图 5-13、图 5-14 所示。汽车后尾灯主要有外后尾灯、内后尾灯和高位制动灯。外后尾灯安装在后

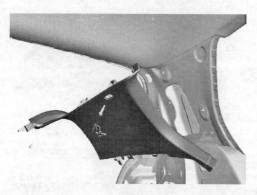

图 5-12 行李舱内饰与车身的连接

翼子板后部，保险杠之上，内后尾灯安装在后举升门或行李舱盖上，高位制动灯安装在后风窗玻璃上。部分车型没有内后尾灯，例如上海大众 POLO 轿车。汽车的后尾灯主要由行车灯、制动灯、转向灯、倒车灯和后雾灯等组成。

图 5-13 汽车外后尾灯

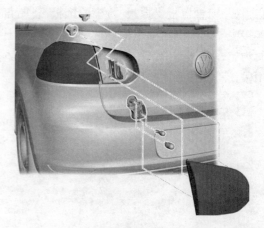

图 5-14 汽车内后尾灯

汽车后尾灯主要依靠螺栓与车身进行连接，在进行拆装外后尾灯时，大部分车型需要先

拆除行李舱饰板后部方可看到连接的螺栓,拆除内后尾灯需要拆除后举升门或行李舱盖的内饰板或内饰板盖板后方可看到螺栓。安装尾灯时需要注意调整好缝隙,此外需要注意尾灯线束接头勿要漏接,安装完成后还需进行灯光测试,避免出现尾灯不亮等情况。

(五) 后保险杠

1. 后保险杠的作用

目前市场上车辆后保险杠的主要作用如下:

(1) 吸能缓冲、保护驾乘人员及行人;发生追尾事故或倒车碰撞时,可以减小冲击,减小车身损伤和人员伤亡。

(2) 装饰美化车身;不同造型的后保险杠充分满足市场上人们对车辆个性化和审美观的需求。

(3) 轻量化,降低整车质量;广泛使用的塑料后保险杠比钢制保险杠更轻,是减轻车身质量的一大举措。

(4) 降低风阻,减小行驶阻力。后保险杠与车身其他部位平缓过渡,构成整车流线型车身,可降低行驶风阻,降低油耗。

2. 后保险杠的组成

后保险杠主要由后保险杠本体、后保险杠饰灯(反光条)、牌照灯、倒车雷达、导流板、后保险杠骨架(后防撞横梁)、后保险杠导槽(后保险杠支架)等组成,如图5-15所示。

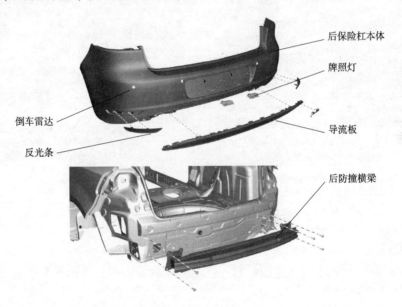

图 5-15 汽车后保险杠组成

根据车型不同,部分车型后保险杠还装有防擦条、电镀饰条、下护板等配件。

3. 后保险杠的连接

后保险杠与车身主要依靠后保险杠导槽、螺钉及卡扣等进行连接,拆装时务必确定每一个连接部位的连接情况,针对带有倒车雷达的车辆,拆装后保险杠时还需注意断开或连接线束插头,具体情况如图5-16 ~ 图5-19所示。

图 5-16 后保险杠导槽与车身的连接

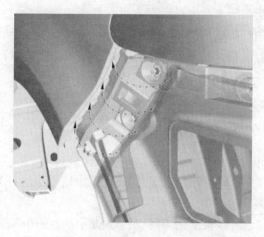
图 5-17 后保险杠与导槽的连接

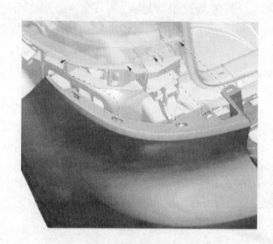
图 5-18 后保险杠上部连接

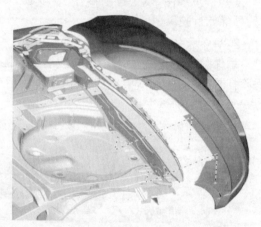
图 5-19 后保险杠底部连接

习 题

一、填空题

1. 轿车后部车身位于_____以后，_____以前的区域。根据车型不同，按照有无行李舱隔板可以把轿车分为_____和_____。

2. 后风窗玻璃主要依靠_____的粘接作用与后车身后风窗玻璃框进行连接的。

3. 后举升门根据车型不同，组成部分也有一定差异，但基本都包含以下配件：_____、_____、_____、_____、_____及_____等。

4. 行李舱内饰与车身的连接主要依靠固定的_____、_____或_____进行连接，行李舱内饰板目前主要以_____、尼龙材质为主，均属于_____。

5. 汽车的后尾灯主要由_____、_____、_____、_____、_____和_____等组成。

6. 汽车后尾灯主要依靠螺栓与车身进行连接，在进行拆装外后尾灯时，大部分车型需要先拆除_____后部方可看到连接的螺栓,拆除内后尾灯需要拆除后举升门或行李舱盖的_____或_____后方可看到螺栓。

二、选择题

1. 后风窗玻璃起除霜功能的部件是(　　)。
   A. 阻尼加热丝　　　　　　　　B. 刮水器
   C. 防爆膜　　　　　　　　　　D. 高位制动灯
2. 后风窗玻璃主要使用的是(　　)。
   A. 夹层玻璃　　　　　　　　　B. 钢化玻璃
   C. 区域钢化玻璃　　　　　　　D. 中空玻璃
3. 后举升门进行缝隙的调整对位时需要特别留意关注的位置是(　　)。
   A. 铰链和密封胶条　　　　　　B. 门锁和密封胶条
   C. 铰链和门锁　　　　　　　　D. 铰链和液压挺柱
4. 汽车后尾灯中心附近的发光强度为4～12cd,灯光色为颜色是(　　)。
   A. 红色　　　　　　　　　　　B. 白色
   C. 黄色　　　　　　　　　　　D. 橙色
5. 以下车型没有内后尾灯的是(　　)。
   A. 大众CC　　　　　　　　　　B. 雪佛兰迈锐宝
   C. 宝马X5　　　　　　　　　　D. 上海大众POLO
6. 桑塔纳后尾灯紧固螺栓规格为(　　)。
   A. M6　　　　B. M8　　　　C. M10　　　　D. M12
7. 桑塔纳行李舱盖铰链紧固螺栓的规格为(　　)。
   A. M6　　　　B. M8　　　　C. M10　　　　D. M12

三、判断题

1. 轿车后风窗玻璃主要包括后风窗玻璃和玻璃胶条(压条)两部分。(　　)
2. 某款高尔夫轿车,其乘客舱同行李舱无行李舱隔板分隔,故属于两厢车。(　　)
3. 后内窗玻璃只影响车内采光,故在后风窗玻璃上挂各种装饰不影响行车安全。(　　)
4. 对后举升门进行整体拆卸或对位调整时,务必需要两名维修人员共同操作,防止举升门拆卸或安装时滑落,造成损伤。(　　)
5. 安装后保险杠只需保证其安装紧固,缝隙良好即可。(　　)
6. 桑塔纳后保险杠的紧固螺栓在行李舱内。(　　)
7. 为了防止漏水,安装好桑塔纳的后保险杠紧固螺栓后需在螺栓周围打上密封胶。(　　)
8. 拆装桑塔纳后尾灯紧固螺栓优先使用呆扳手。(　　)
9. 安装尾灯时需要注意调整好缝隙,此外需要注意尾灯线束接头勿要漏接,安装完成后还需进行灯光测试,避免出现尾灯不亮等情况。(　　)
10. 后举升门的主要作用有:提供后部车身人员或货物进出的通道;吸能缓冲,保护后部人员安全;减小空气阻力,美化车身。(　　)

四、填图题

1. 填写下图中所指位置处后部车身外部构件的名称。

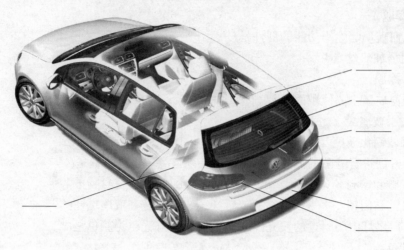

2. 填写下图中后保险杠的组成。

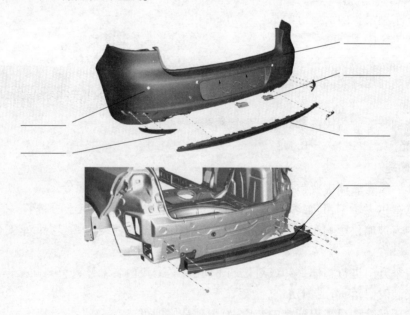

项目六　车身测量

> **学习目标**
>
> 完成本项目学习后,你应能:
> 1. 认识车身测量的重要性;
> 2. 识读车身数据图并掌握车身测量的基准;
> 3. 掌握常用车身测量工具的使用方法;
> 4. 掌握简单的测量数据分析方法。
>
> **建议学时**
>
> 2学时。

一、车身测量的重要性

（一）车身测量的重要性

车身的测量工作是车身修复程序中必须进行的操作,从事故车的损伤评估、校正、板件更换安装调整等工序都要用到测量工作。

对整体式车身来说,转向系和悬架是依据装配要求设计的,车身损伤后就会严重地影响悬架结构的安装基础。齿轮齿条式转向器通常装配在车身构件或车身构件支承的支架(钢板或整体钢梁)上。车身上这些构件一旦变形,都会使转向器或悬架工作性能失常,例如减振性能恶化、转向操作失灵、传动系振动或异响,以及拉杆端头、轮胎、齿轮齿条、常用接头或其他转向装置的过度磨损。如图6-1所示,图片中车辆右前侧发生碰撞,导致减振器座变形,右前轮后移。该位置若修复不到位将导致四轮定位值超标,并单靠四轮定位无法调整回标准值,行驶在路面上极易引发事故。

所以,为保证汽车使用性能良好,总成的安装位置必须正确,因此在修理后要求车身尺寸配合公差不能超过3mm。

图6-1　减振器座变形车辆

此外,针对不同形式的受损车辆,其相应的测量点和测量公差要通过对损伤区域损伤程度大小进行检查来确定。例如,一般引起车门轻微下垂的前端碰撞,其损伤传递不会超过汽车的中心,后部的测量就没有太多的必要。而碰撞发生较严重时,必须进行大量的测量以保证适当的维修调整顺序。

(二)车身测量注意事项

为了保证车身维修的有效性,车身修理人员使用测量系统对事故车进行测量时,应该认真做到以下几点:

(1)准确地进行测量。

(2)要进行多次测量。

(3)重复核实所有的测量结果。

二、车身数据图

不同的汽车制造厂所提供的数据图在形式上可能有所不同,但是基本的数据信息是相同的,都要反映出车身上测量点的长、宽、高的三维数据。

(一)车身底部数据图

要读取车身数据,首先要找到车身数据图中的长、宽、高的三个基准。

汽车车身底部的尺寸图可以通过俯视图直观地展示其底部测量点位置间的长度和宽度数据,通过侧视图可以展示其底部测量点的高度数据。

(1)长度数据。如图 6-2 所示,在字母 D 和 E 的下方各有一个小黑三角,表示 D 和 E 是长度方向的零点。长度基准点有两个,Dd 线的中点是车身前部测量点的长度基准,Ee 线的中点是车身后部测量点的长度基准。

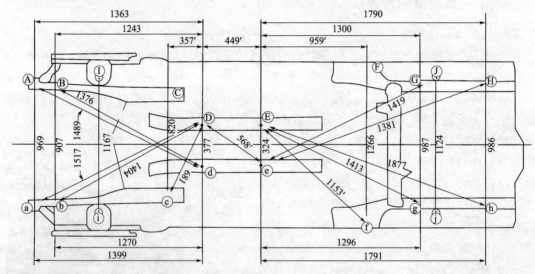

图 6-2　车身底部长度及宽度数据(俯视图)(单位:mm)

(2)宽度数据。如图 6-2 所示,在俯视图中间位置有一条贯穿左右的线,这条线就是中心面,又称中心线,它把车身一分为二。在俯视图上的黑点表示车身上的测量点,一般的测量点是左右对称的。两个黑点之间的距离有数据显示,单位是毫米(有些数据图还会在括号内标出英制数据,单位是英寸),每个测量点到中心线的宽度数据是图上标出的数据值的 1/2。

(3)高度数据。如图 6-3 所示,在侧视图的下方有一条较粗的黑线,这条线就是车身高度的基准线(面)。线的下方有从 A 至 H 的字母,表示车身测量点的名称,每个字母表示的测量点一般在俯视图上都显示两个左右对称的测量点。俯视图上每个点到高度基准线都有数据表示,这些数据就是测量点的高度值。

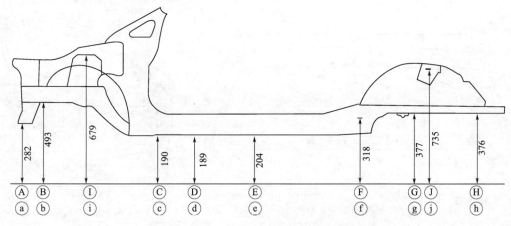

图 6-3　车身底部高度数据(侧视图)(单位:mm)

(二)车身上部数据图

车身上部数据图主要显示上部车身的测量点。包括发动机舱部位翼子板安装点、散热器框架安装点、减振器支座安装点和其他一些测量点,还有前后风窗玻璃框的测量点,前后门框测量点,前、中、后立柱铰链和门锁的测量点,行李舱的测量点等。有些数据图显示的是车身上部测量点的点对点之间的数据。

(1)发动机舱的尺寸:由 A/B/C/D/E 和 A′/B′/C′/D′ 等几个关键测量点之间的点对点的相互尺寸来决定,如图 6-4 所示。

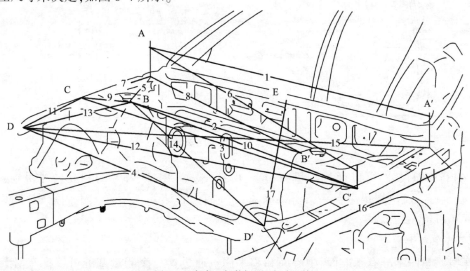

图 6-4　车身上部数据图(发动机舱)

(2)后风窗玻璃框的尺寸通过测量图中 A、A′、B、B′四点的相互尺寸得到,A 和 A′是车顶板的角,B 和 B′是行李舱电焊裙边上一条搭接缝隙,如图 6-5 所示。

(3)前门门框的尺寸:通过测量图中 A、B、C、D 四个点的相互尺寸得到,A 点表示风窗立柱上的搭接焊缝位置,B 点表示前柱铰链的上表面,C 点是中门柱锁闩的上表面,D 点是中门柱铰链的上表面,如图 6-6 所示。

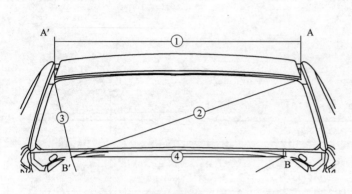 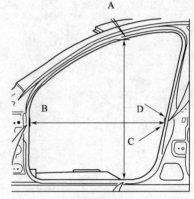

图 6-5 车身上部数据图(后风窗玻璃框)　　　　图 6-6 车身上部数据图(前门框)

(4)后门门框的尺寸:通过测量图中 A、B 两点的尺寸得到,A 点表示后柱门锁闩的上表面,B 点表示中柱门铰链的上表面,如图 6-7 所示。

(5)中柱尺寸:可以通过测量图中 A、B 两点的尺寸得到,A、B 点都表示中柱门锁闩的上面固定螺栓的中心,如图 6-8 所示。

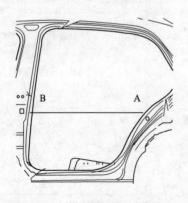 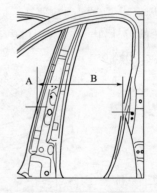

图 6-7 车身上部数据图(后门框)　　　　图 6-8 车身上部数据图(中柱)

(6)行李舱尺寸:可以通过测量图中 A、B、D、E、A′、B′、D′、E′的相互尺寸得到,A、B、A′、B′表示行李舱电焊裙边上一条搭接缝隙,D、E、D′、E′表示保险杠上不固定螺钉的中心,如图 6-9 所示。

(三)车身测量基准

车身测量的基准有基准面、中心面和零平面。通过这三个测量基准可以把车身各个测量位置的长、宽、高三维数据完整地展现出来。

1. 基准面

基准面是一个假想的面,与车身地板平行并与有固定的距离,如图6-10所示。基准面被用来作为车身所有垂直轮廓测量的参考面,汽车高度尺寸数据就是从基准面得到的测量结果。

2. 中心面

中心面是三维测量的宽度基准,它将汽车分成左右对等的两部分,如图6-11所示。大部分汽车都是对称的,对称意味着汽车右侧尺寸与左侧尺寸是完全相同的。汽车的所有宽度尺寸,都是以中心面为基准测得的。

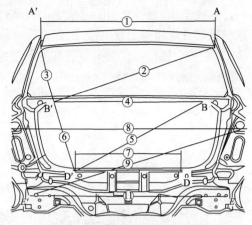

图6-9 车身上部数据图(行李舱)

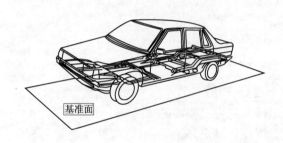

图6-10 基准面

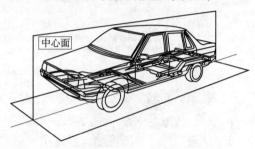

图6-11 中心面

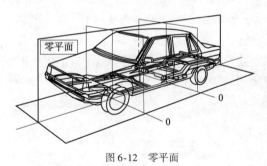

图6-12 零平面

3. 零平面

为了正确分析汽车损伤,一般将汽车看作一个矩形结构并将其分成前、中、后三部分,三部分的基准面称为零平面,如图6-12所示。这三部分在汽车的设计中已形成。不论车架式车身还是整体式车身结构,中部区域可用来作为观测车身结构对中情况的基础,所有的测量及对中观测结果都与中心零平面有关。在实际测量中,零平面又称零点,是长度的基准。

三、常用车身测量工具

(一)常规的车身测量工具

1. 卷尺测量

修理人员常用的基本测量工具有钢直尺和卷尺,卷尺如图6-13所示。这两种尺可以测量两个测量点之间的距离,将卷尺的前端进行加工后,再插入控制孔测量时,会使测量结果更为精确。如果各个测量点之间有障碍将会使测量不准确,这就需要使用轨道式量规。

2. 量规测量

(1)量规的种类:量规主要有轨道式量规、中心量规和麦弗逊撑杆式中心量规等,它们既可以单独使用,也可互相配合使用。轨道式量规多用于测量点对点之间的距离,中心量规用来检验部件之间是否发生错位,麦弗逊撑杆式中心量规可以测量麦弗逊悬架支座(减振器支座)是否发生错位。轨道式量规和麦弗逊撑杆式中心量规可作为一个整体使用。本教材将以轨道式量规作为重点进行介绍。

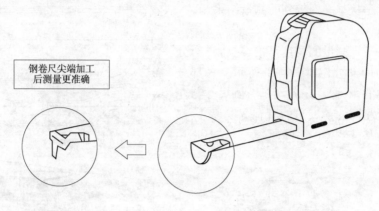

图6-13 卷尺加工

(2)轨道式量规。每次能测量和记录一对测量点,同时和另外两个控制点进行交叉测量和对比检验,其中至少有一个为对角线测定。最佳位置为悬架和机械元件上的焊点、测量孔等。修理车身时,对关键控制点必须用轨道式量规反复测定并记录,以监测维修进度。车身上部的测量可以大量使用轨道式量规来进行,在一些小的碰撞损伤中,用轨道式量规还可以对车身下部和侧面车身尺寸进行测量。用轨道式量规进行点对点测量的方法。在车身结构中,大多数的控制点实际上都是孔、洞,而测量尺寸一般都是中心点至中心点的距离。用轨道式量规对孔进行测量时,一般测量孔的直径比轨道式量规的锥头要小,测量头的锥头起到自定心的作用,如图6-14所示。当测量孔径大于测量头直径时,如图6-15所示,为了用轨道式量规进行精确测量,在测量孔的直径相同时,就需用同缘测量法。

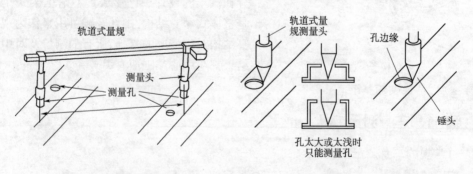

图6-14 轨道式量规　　　　　图6-15 轨道式量规测量头

(3)轨道式量规测量。使用轨道式量规测量时,务必选择合适的测量头并对量规进行校准归零,如图6-16所示。校准时测量头的尖端对应于钢直尺上,选择一个容易计算的位置。例如选择钢直尺30cm为基准,对应读取轨道式量规显示数值,若显示为29cm,则说明量规误差为 −1cm;若显示为31cm,则说明量规误差值为1cm。在测量记录后需用实际测量的数据与误差值相减,若测得前减振器中心点间距为100cm,误差值为 -1cm,则实际测量值应为 101cm,误差值为 1cm,则实际测量值为 99cm。测量如图 6-17、图 6-18 所示,当两个测量孔直径相同时,孔中心的距离就是两孔同侧边缘的测量距离。

(4)为了保证测量的精度,在使用轨道式量规进行测量时应注意以下事项:

①汽车上固定点(如螺栓孔)的测量位置是中心。

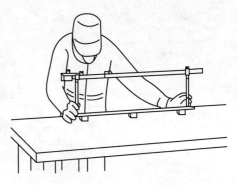

图 6-16 轨道式量规校准

②点至点测量为两点间直线的距离测量。

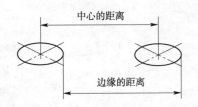 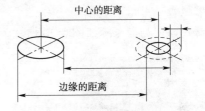

图 6-17 孔中心距离与孔边缘的距离相同　　图 6-18 孔中心的距离与边缘的距离不同

③量规臂应与汽车车身平行,这就要求,量规臂上的指针在测量某些尺寸时要设置成不同长度。

④某些标准车身数据要求平行测量,有些则只要求点至点之间的长度测量,而有的则两者都用。修理人员必须使用与车身表述的数据一致的测量方法,否则就很容易发生错误的测量。

⑤按车身标准数据测量损伤车辆所有点,损伤的程度通常用标准数据减去实际测量数据来表示。

(二)机械式三维测量系统

1. 专用测量系统

如图 6-19 所示,专用测量系统的设计原理来源于车身的制造过程,在制造焊接过程中,车身板件都是固定在车身模具上,车身模具是根据车身尺寸制作的,通过模具可以对板件进行快速定位、安装、焊接等。专用测量工具根据车身上的主要测量点的三维空间尺寸,制作出一套包含主要测量控制点的测量头(又称定位器)。在车身变形后,可以通过车身上每个主要控制测量点,与它专用的测量头的配合后,就能够确定测量点的尺寸已经恢复到位。专用测量系统的测量是把注意力放到控制点与测量头的配合上,而不是像其他测量系统那样要测量出数据,然后与标准数据对比才能知道尺寸是否正确。一套标准的测量头由 4~25 个既可单独使用又可一起使用的专用测量头组成,很多测量头既可以与固定不动的机械部件结合使用,也可以和能够移动的部件结合使用。专用模具最大的优点是可以对所有测量点进行高精度的监控,但存在最大的问题是:一套测量头一般可用来测量车身型号相同的汽车,对于常规汽车维修企业使用成本较高。

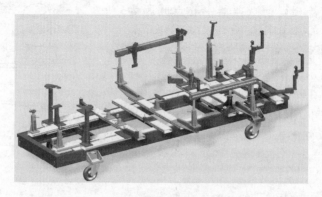

图6-19 专用测量系统(专用模具)

2. 机械式通用测量系统

机械式通用测量系统如图6-20所示。

图6-20 机械通用测量系统

通用测量系统(如门式通用测量系统、米桥式通用测量系统)在现代车身修理中广泛应用。通用测量系统不仅能够同时测量所有基准点,而且又能使一部分测量更容易、更精准。在测量时,只要将通用测量系统绕车辆移动,不仅能检查车辆所有基准点,而且能快速地确定车辆上的每个基准点的位置。正确的安装测量系统的各个部件用测量头来测量基准点,如果车辆上的基准点与标准数据图上的位置不同,则车辆上的基准点位可能发生了变化。如果测量头不在正确的基准点位置,则车辆尺寸是不正确的。不在正确位置的基准点必须恢复到事故前的标准值,然后才能对其他点进行测量。

(三)电子式车身测量系统

1. 半机械半电子测量系统

常见半机械电子测量系统,它的测量工具是一个类似轨道式量规的测尺,在量规上安装了位移传感器,在测尺上可以电子显示测量的高度、长度两个方面的数值,一次只能测量两个点之间的高度和长度或高度和宽度,然后把数据通过有线或无线传输到计算机的软件系统内,软件系统将测量的数据与系统内标准数据相比,可以得知测量结果。

这种测量系统在测量中每次只能测量一个控制点,不能同时测量多个控制点,同时不能随着测量点数据的变化而及时地反映出来,需要不断反复测量不同的控制点来确定相关的正确性,操作比较烦琐,效率较低。

2. 半自动电子测量系统

常见的半自动电子测量系统,使用自由臂方式进行测量,如图6-21所示。测量自由臂由一节可以转动的关节连接,每两个臂之间可以在一个平面内360°转动,多个臂的转动可以移动到空间的任意一个位置,在连接处有角度位移传感器,任何一个关节转动的任何一个角度会被传输记录到计算机上。自由臂的每个臂长是一定的,计算机会自动计算出自由臂端部到达的空间位置的三维数据尺寸。

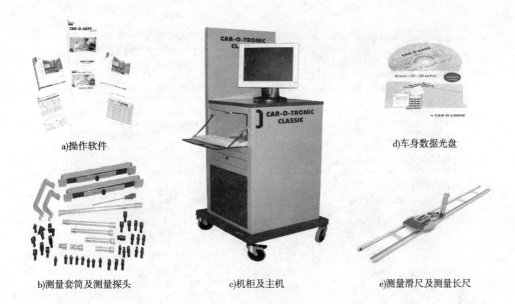

a)操作软件　　　　　　　　　　　　　　　　d)车身数据光盘

b)测量套筒及测量探头　　c)机柜及主机　　e)测量滑尺及测量长尺

图 6-21　卡尔拉得电子测量系统

在实际拉伸修复中经常要同时监控多个控制点,而自由臂测量系统不能做到多点同步进行测量。在测量中要不断重复测量不同的控制点,否则有可能在拉伸中导致有些点拉伸数据的失控。每次拉伸后要进行控制点的测量,得到数据而不能随着拉伸的进程随时监控数据变化,否则容易导致过度拉伸而使修复失败。计算机接收系统在测量前需要进行调平,在测量过程中接收器的任何移动会导致基准变化而使测量数据不准确。

3. 全自动电子测量系统

1)激光测量系统

如图 6-22 所示,激光测量系统包括反射靶、一个激光发射接收器和一台计算机。现代激光测量系统使用起来相对比较容易而且非常精确。它采用激光测量技术,由两个准分子激光发射器发射激光投射到标靶,每个标靶上有不同的反射光栅。

通过接收光栅反射的激光束测量出数据并传输给计算机,由计算机通过计算可以得到测量点的空间三维尺寸。

图 6-22　激光测量

激光系统提供直接且瞬时的尺寸读数。在拉伸和校正作业过程中,车辆的损伤区域和未损伤区域中的基准点都可被持续监测。

2)超声波测量系统

超声波测量系统如图 6-23 所示。目前,应用最广泛的一种是超声波测量系统,它的测量精度可以达到 ±1mm 以下,测量稳定、精确,可以瞬时测量,操作简便、高效。可以对车辆的预检、修理中测量和修理后检验等工作提供有效的帮助,现在也用在一些二手车辆交易中的车身检验。

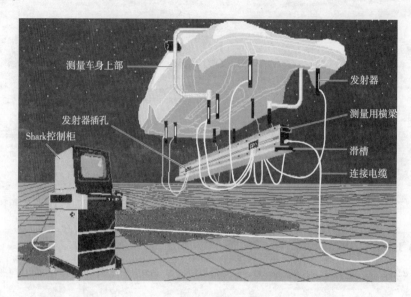

图 6-23　超声波测量系统

超声波测量系统由超声波发生器、超声波接收器、控制柜(包括计算机,又称主机)、滑槽、测量用横梁及各种测量头组成。

四、测量数据分析

根据测量使用的工具、方法不同,分析测量数据的方式方法也不同。目前常见的分析方法有以下几种。

(一) 用点对点测量方法测量车身尺寸数据分析

经过点对点的测量方法测量的车身数据,需要依靠标准的车身数据进行比对,分析起来也相对复杂,可以直观判断,如图 6-24 所示。

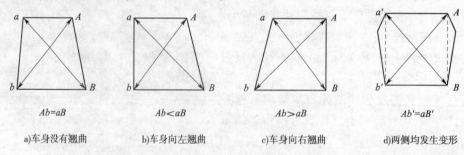

图 6-24　车身变形分析

(二) 三维测量方法测量车身尺寸数据分析

使用三维测量方法可以直观地反映车身某个测量点的长、宽、高三维尺寸。

(1) 使用机械式三维测量方法时,当某个测量点位置偏移时,则模具无法正常安装到位,如图 6-25 所示。维修人员可以根据实际测量点与模具位置的偏移程度来进行车辆的拉伸校正。修复完成后,必须保证各个测量点均能正常安装对应的模具,如图6-26所示。这样才能保证车身关键测量点可以恢复到原厂制造时的空间位置,方能正常安装悬架、发动机、变速器等总成。

图6-25 测量点位置偏移(修复前)

图6-26 测量点位置回正(修复后)

(2)使用电子三维测量方法时,测量点的位置关系可以直观从测量系统显示屏上反映出来,若尺寸超标,将使用箭头和特殊颜色标记,告知维修人员该测量点位置发生偏移,以便维修人员制定正确合理的维修方案,如图6-27所示。

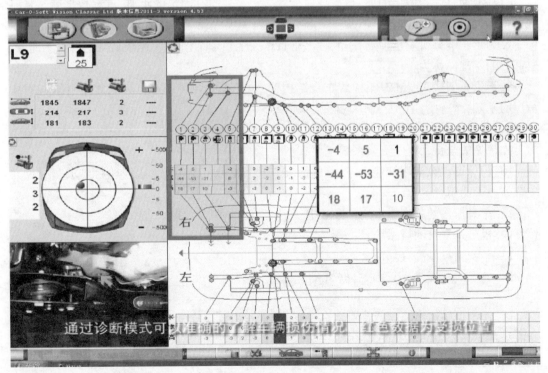
图6-27 右前纵梁梁头测量点测量

图 6-27 所示为使用卡尔拉得电子测量系统测量帕萨特右前纵梁梁头变形的情况,在电子测量系统中该点被指定为右侧第 1 点,该点数据全部使用红色标记(见图中框选部分),可以直观显示该测量点:长度方向,短了 4mm;宽度方向,窄了 44mm;高度方向,高了 18mm。所以维修拉伸校正时需要向其反方向修复相应的尺寸,车辆才能恢复原状。同时,图中箭头也指出了车辆变形的方向。依据事故车由未受损区域向受损区域、由已修复区域向受损区域、由中间向外侧,由低向高的原则,制订维修方案。

习　题

一、填空题

1. 车身修理人员使用测量系统应该认真做到以下几点:①_____进行测量;②要进行_____测量;③重新核实所有的测量结果。

2. 车身数据图都通常由_____和_____两大部分组成。

3. 要读取数据车身底部数据图,首先要找到数据图中_____、_____、_____的三个基准。

4. 为确保测量的精确性,测量工具必须做过适当的_____。特别是有许多可滑动部位的测量工具。

5. 量规主要有_____、中心量规和麦弗逊撑杆式中心量规等多种,它们既可以单独使用,也可互相配合使用。

6. 基准面是一个假想的面,与车身地板_____并与有固定的距离,汽车数据就是从基准面得到的测量结果。

7. 为了正确分析汽车损伤,一般将汽车看作一个矩形结构并将其分成前、中、后三部分,三部分的基准面称为_____。

8. 不论车架式车身还是整体式车身结构,_____区域可用来作为观测车身结构对中情况的基础,所有的测量及对中观测结果都与_____有关。在实际测量中,零平面又称_____,是_____的基准。

9. 常见的全自动电子测量系统主要有:_____、_____。

10. 为保证汽车使用性能良好,总成的安装位置必须正确,因此在修理后要求车身尺寸配合公差不能超过_____。

11. 车身损伤的程度通常用标准数据_____实际测量数据来表示。

12. 机械式三维测量系统有:_____和_____两种。

13. 车身测量基准有:_____、_____、_____。

14. 电子式三维测量系统根据自动化程度主要可分为_____、_____、_____三种。

15. 在车身俯视图中间位置有一条贯穿左右的线,这条线就是_____,又称_____,它把车身一分为二。

二、选择题

1. 以下选项除了(　　)外都是电子测量的优势及特点。

A. 节约成本　　　　B. 使用复杂　　　　C. 高效精准　　　　D. 强大方便

2. 半机械半电子测量系统在测量中每次能测量(　　)控制点。
   A. 1个　　　　B. 2个　　　　C. 3个　　　　D. 4个

3. 常见的半自动电子测量系统,使用自由臂方式进行测量,测量自由臂由一节可以转动的关节连接,每两个臂之间可以在一个平面内360°转动,多个臂的转动可以移动到空间的任意一个位置,在连接处有(　　)传感器。
   A. 长度位移　　　　B. 高度位移　　　　C. 角度位移　　　　D. 宽度位移

4. 半自动电子测量系统在测量中每次能测量(　　)控制点?
   A. 1个　　　　B. 2个　　　　C. 3个　　　　D. 4个

5. 我们目前使用的卡尔拉得电子测量系统属于电子测量系统中的(　　)。
   A. 机械三维测量系统　　　　B. 半机械半电子测量系统
   C. 半自动电子测量系统　　　　D. 全自动电子测量系统

6. 电子测量的测量精度为(　　)。
   A. ±1.0mm　　　　B. ±2.0mm　　　　C. ±3.0mm　　　　D. ±5.0mm

7. 卡尔拉得的测量长尺的箭头方向要求为(　　)。
   A. 长尺朝向校正台正前方　　　　B. 长尺朝向校正台正后方
   C. 长尺朝向车头方向　　　　D. 长尺朝向车尾方向

8. 卡尔拉得电子测量系统需要在车身上选择(　　)点作为中心线的测量的基准点。
   A. 1~2个　　　　B. 2~3个　　　　C. 3~4个　　　　D. 4~5个

9. 为保证汽车使用性能良好,总成的安装位置必须正确,因此在修理后要求车身尺寸配合公差不能超过(　　)。
   A. 1mm　　　　B. 2mm　　　　C. 3mm　　　　D. 4mm

10. 在车身俯视图中间位置有一条贯穿左右的线,这条线被称(　　),它把车身一分为二。
    A. 基准面　　　　B. 中心线　　　　C. 零平面　　　　D. 基准线

11. 卡尔拉得电子测量设备的滑尺上有(　　)传感器在使用前需要激活。
    A. 1个　　　　B. 2个　　　　C. 3个　　　　D. 4个

三、判断题

1. 校正即是归零,将测量工具上的指示值与归零尺上的指示值之间的差异做校正的过程。(　　)
2. 车身尺寸量规,只需要在使用前必须做校正,使用后就不用再校正。(　　)
3. 钢卷尺的尖端松动后应先将其固定后方可测量。(　　)
4. 麦弗逊撑杆式中心量规一般是用来检测减振器拱形座的不对中情况。另外,它还可以用来检测散热器支架、中立柱、车定部和后侧围板的不对中情况。(　　)
5. 机械式三维测量系统中的专用测量系统的一套测量头可用来测量车身型号不同的汽车。(　　)
6. 车身后部的变形大致上可通过行李舱盖开关缝隙的变化估测出来。所以没有必要对相关的测量点进行精确测量。(　　)

7. 滑尺臂下面有个限制锁销,它是来旋转摆臂角度,如果在使用之前一定要打开此锁销,用后一定注意锁上,直至滑臂不能摆动! （   ）

8. 确保测量的精确性,测量工具必须做过适当的校正。 （   ）

9. 机械式通用测量系统在开始任何测量工作前,如果损坏非常严重,则对车辆的中部或基础部分先进行粗略校正,然后将中部基准点的尺寸恢复标准数值。 （   ）

四、简答题

1. 机械式通用测量系统在开始任何测量工作前,要做以下哪些准备工作？

2. 车身测量的方法主要有哪两种？

项目七　手工具修复

完成本项目学习后,你应能:
1. 准确说出手工具维修的相关工具的名称;
2. 用简洁的语句说明各种手工具的功能;
3. 口述说明实敲、虚敲的维修原理;
4. 指明每种手工具的使用场合。

2学时。

车身修复视车辆损伤情况,有多种修复工艺,对应有不同的维修工具及设备,包括手工具、焊接切割设备、校正测量平台等,就本教材目标定位而言,本节就损伤修复所涉及的手工具进行重点介绍。利用手工具进行车身外板件的损伤修复,需要维修人员熟练掌握各种手动维修工具的功能特点,在维修过程中,采用恰当的维修工艺,选用合适的维修工具,对车辆进行合理维修,确保车辆维修后与原厂品质的一致性。

一、手工具

手工具主要有以下作用:整平、校正、延展、收缩、研磨等。

1. 球头锤

质量为250~500g。用于校正弯曲的基础结构,修平重规格部件和加工未开始用车身锤和手顶铁作业之前粗成形的车身部件,如图7-1所示。

2. 橡胶锤、木槌

橡胶锤及木槌均采用柔性材质制作,用于柔和地锤击薄钢板,这样不会损坏喷漆表面。它经常与其他拉拨设备配合使用。橡胶及木材密度低,质量小,为保证敲击力度,通常在槌心中加入铁质材料,用于大面积的凹陷修复时,通常用吸杯将凹陷部位拉起,再用橡胶槌或木槌敲击周围,如图7-2所示。

图7-1　球头槌

3. 轻铁锤

轻铁锤由于有一定的质量,敲击力度较好,维修效果好,是复原损毁的钣金件的第一阶段所必需的工具,尤其大型事故车。质量是 1~2kg。因此能在紧凑的地方使用。在修理时用铁锤敲打损毁的金属板使其大致恢复到原形,在更换金属板时则用于清理损坏的金属板,如图 7-3 所示。

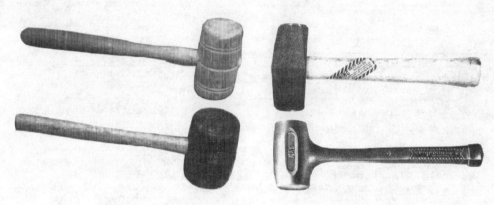

图 7-2 橡胶槌(下)及木槌(上)   图 7-3 轻铁锤

4. 钣金锤

车身钣金锤是连续敲打钣金件以恢复其形状的基本工具,是用于损伤板件粗整形、精修表面用的。它有许多不同的设计,有方头、单头、圆头及尖头的。每种形式都是为不同用途而设计的。常见的钣金锤有直面精整钣金锤、曲面精整钣金锤、钣金收缩锤(缩面锤)等。质量较好的钣金锤的锤头通常为高碳钢整体锻造成形,经淬火处理,表面材质坚硬、不易断裂。锤头表面微型状平面,使敲击面受力更均匀。锤柄通常为核桃木,干燥性、弹性佳,不因潮气导致锤头脱落,八角形木柄使操作更顺手。

1) 直面精整钣金锤

用于精整板件表面,其平顶端与顶铁配合作业可以去除高地点和波纹。尖头可以敲击突出的小高点,锤的质量较轻,便于手持反复敲击修复板件,如图 7-4 所示。

2) 曲面精整钣金锤

在修正平滑的钢板表面及水平线成形时使用,基本和直面钣金锤相似,既可用于精整形,也可用于平面直线的成形,此手锤的顶端具有圆弧面和水平面,如图 7-5 所示。使用时,要注意做好锤面的维护。

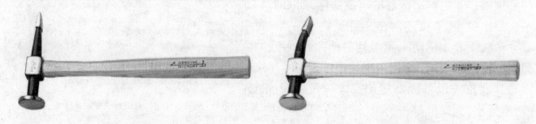

图 7-4 直面精整钣金锤   图 7-5 曲面精整钣金锤

3) 钣金收缩锤

在钣金维修中，尤其是手工具维修，使金属延展，从而产生表面蹦弹，是十分常见的现象，钣金收缩锤可以很好地应对轻微延展蹦弹的情况。利用锤网状面敲击蹦弹部位表面，通过金属表面的波纹形变，收缩面积，固化金属表面，如图7-6所示。

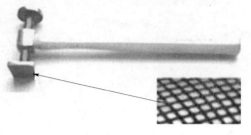

图7-6 钣金收缩锤

5. 垫铁

垫铁是一个形状各异、具有不同的辅助整形功能的铁块，其作用像一个铁砧，它通常顶在锤敲击金属板的背面，用锤和垫铁一起作业使高起的部位下降，或使低凹部位上升，从而恢复汽车外板的形状。根据整形部位的不同，垫铁的种类非常多，如图7-7所示。

其主要高隆起、低隆起、凸缘等多种不同形状，每种形状用于特定的凹陷形式和车身板面外形。垫铁与面板外形的配合非常重要，假如在高隆起的面板上使用平面或低隆起的垫铁，结果将会增加凹陷。轨型垫铁也是一种常用的垫铁，它也有许多形状，如足尖式和足根式垫铁用于在狭窄部位进行敲击，而其平面直角边则用以校正凸缘。

1) 匙形垫铁

如图7-8所示，它当作锤或垫铁使用。它有许多种形状和尺寸，可与不同的面板形状匹配。平直表面的匙形垫铁把敲打力分布在宽的接触面上，在皱折和隆起部位特别有用。当面板后面空间有限时，匙形垫铁可当作垫铁用。敲击匙形垫铁与锤一起作业，可降低隆起。内边匙形垫铁可撬起低凹处，或与锤一起敲击来拉起凹陷。冲击锉匙形垫铁则有锯齿状的表面，用来拍打隆起或里边的皱折，使金属板恢复到原来的形状。

图7-7 垫铁

图7-8 匙形垫铁

2) 撬镐

如图7-9所示，用作撬起凹点，它们有不同的长度和形状，大多数有U形末端把手。其作用也是通过和锤的配合使用来达到修复目的，也将其归位垫铁的一种形式。撬镐可以用来升起门后顶侧板或其他密闭的车身部件上的凹点。撬镐通常较滑锤和拉杆好，因为它们不需要在钣金件上钻孔或焊接，不会损伤漆面。

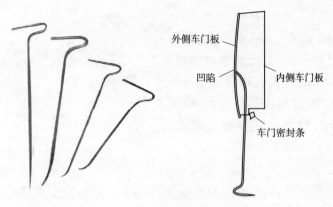

图 7-9 撬镐

二、实敲、虚敲修复原理介绍

手顶铁与手工具配合修复,有两种方法,一是铁锤在垫铁上敲击法和铁锤不在垫铁上敲击法,铁锤在垫铁上敲击法用于拉伸金属,而铁锤不在垫铁上敲击法则用来整平金属。

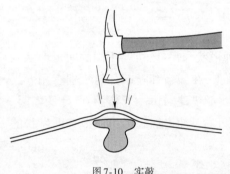

图 7-10 实敲

实敲是手顶铁的位置和手锤敲打的位置相同;也就是将手顶铁置于钢板凸出部位的内侧,然后使用手锤敲打凸出部位,如图 7-10 所示,将手顶铁正确地顶至钢板的凸出部位。一般实敲是在使用虚敲修正较大的凹陷后,再用来修整细微的凹陷。

虚敲是手顶铁的位置和手锤敲打的位置不同;也就是将手顶铁置于钢板内侧较低的部位,而以手锤敲打钢板外侧较高的部位。假如敲击凸出部位时没有用手顶铁顶住,则敲击时钢板会因为本身的弹性引起反弹,而不易将凸出部位敲下去;此时若将手顶铁置于钢板内侧,则敲击时钢板的反弹会受到限制,而能够将凸出部位敲下去。所以虚敲通常使用于维修大区域的凹陷。

1. 铁锤在垫铁上敲击修理法(实敲)

铁锤在垫铁上敲击修理法适用于修理较小、较浅的凹陷和折损,也可以用这种方法来延伸金属,使其恢复原来的形状。这些情况一般出现在隆起处,偶尔也会出现在平坦的金属板上。为了整平一个折损,可以将垫铁放在金属板的反面折损处的下方,并用铁锤从正面敲击。铁锤对垫铁的敲击将造成垫铁的轻微回弹,同时,垫铁也会从反面敲击金属板。

在维修过程中,一定要选择形状合适的垫铁,垫铁的工作面不符合金属板的形状,其结果必然导致凹陷的增加。垫铁的形状与所接触的平板的平面应该一致,如图 7-11 所示,整平平面时,选用表面为平面的垫铁;如图 7-12 所示,整形曲面时,选用表面为弧形的垫铁。铁锤在垫铁上敲击法实际包含了两个动作,即铁锤敲击金属板和垫铁向上回弹并撞击金属板的内侧。

许多隆起部位上的收缩区都可采用铁锤在垫铁上敲击法,使它恢复到原来的高度。采用铁锤在垫铁上敲击法时,必须能够接触到金属板的内侧,否则,只能使用惯性锤拉伸或填充剂填充。损伤维修的准则是:要确保维修后表面不高于原表面,同时不过低于原表面。如

图 7-13 所示,从侧面剖视图看出,A 为低于正常面,B 则为正常面。

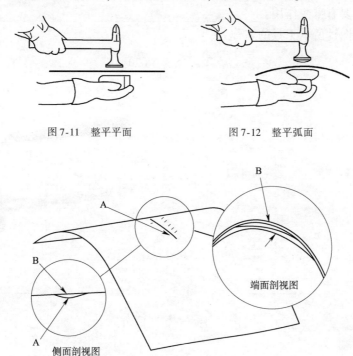

图 7-11 整平平面　　图 7-12 整平弧面

图 7-13 故障面和正常面的对比

2. 铁锤不在垫铁上敲击修理法(虚敲)

如图 7-14 所示,采用铁锤不在垫铁上的敲击法来修整金属板时,将垫铁放在金属板最低处的下面,用铁锤敲击附近的高处,实际上铁锤并没有敲击垫铁。垫铁和铁锤一样,也是用来校正损坏部位的,它相当于一个冲击工具,只能敲击拉伸区(一般的方法用在金属板的下面时)。

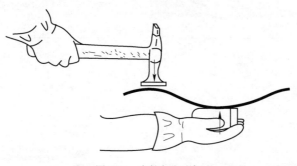

图 7-14 虚敲方法示意

习　题

一、填空题

1. 车身修复工具包括一些普通金属加工工具及专用于汽车车身修理的专用工具,主要分为三大类,一类为_____,一类为_____,另一类为_____。

2. 手工具主要有哪些作用:_____。

3. 说出下列图片所示工具的名称

(1)

_____

(2)

_____

(3)

_____

(4)

_____

(5)

_____

(6)

_____

（7）

（8）

_____   _____

二、简答题

1. 什么是虚敲？

2. 什么是实敲？

项目八　小面积平面整平方法

完成本项目学习后,你应能:
1. 讲述整平小面积凹陷对小损伤维修质量的重要性;
2. 说明如何运用手摸法和钣金锉刀进行板件找平;
3. 说明如何运用虚敲和实敲结合的方法整平小面积的凹陷损伤;
4. 口述小损伤板件修复的质量标准;
5. 说明作业中有哪些良好作业习惯。

建议学时

2学时。

在小损伤修复作业中,板件的整平作业是极其重要的内容,因为平整度高的板件在对于后续刮泥子、喷涂底漆、色漆作业有非常大的影响,平整度太差可能导致无法刮涂泥子和喷涂油漆,或者局部需要刮涂过厚泥子粉,以达到整形的目的,但是这样一来,车辆在使用过程中,由于振动和颠簸,导致泥子层开裂,从而使油漆层开裂。表面平整度不高也增加了后续喷漆作业的工作难度和工作量,这样对于提高工效是极其不利的。所以做好板件的整平作业,提高整平作业的质量,对于钣金工来说是一项重要的工作。

一、板件小面积整平作业在小损伤修复中的应用

板件的小面积整平作业是维修板件的基本功,是每一位学员必须掌握的基本技能,也是初学者对后续技能学习的基础,通过本项目的学习,学员可以加深对实敲、虚敲等修复方法的理解,并会简单地运用虚敲和实敲对板件进行维修。

那么板件的小面积整平作业大概在哪些场合能够遇到呢?答案是高质量的板件维修作业,几乎所有的小损伤修复都会用到对板件的小面整平作业。对于汽车钣金维修工的工作内容,大概会有以下几类维修工作中,会利用板件的小面积整平作业方法来进行维修。

(1)车身上有小碎石敲击,或其他类型的轻微敲击而留下凹痕时,需要对板件的凹痕进行整平修复作业的情况。

（2）车身表面出现大面积损伤，利用手工具修复过后，形状大致恢复，但是表面留下大量凹凸不平的高点或是低点，还需进一步整平作业的情况。

（3）车身表面在大面积损伤修复过后，出现崩弹现象，经过碳棒或者是氧乙炔收火后，表面出现小面积的应力拉伸变形而导致局部小面积凹陷或者高凸，需要进一步整平作业的情况。

虽然以上三类情况都会利用平面小面积整平作业来进行修复，但是以上三类损伤也是小损伤维修作业的主要内容，所以小面积平面的整平作业是极其重要的，对于维修质量来说，也是极其关键的，往往维修质量的高低是由后续的整平作业来决定的。这就需要学员树立精益求精的工作态度，将手中的损伤板件看成一件艺术品一样，倾注自己的心血去维修，去打造，力求每一块损伤板件都能成为一件工艺品，这样对自己的技能水平的提高也是极其关键的，也是每一个技能高手成长的必由之路。

对于一些比较小的损伤，平面的小面积整平方法工艺也是比较简单的，对于初学者来说，这就是一项基本功，基本技能，需要学员去努力学习，扎实地掌握，对以后的学习打下坚实基础。

二、凹凸的确认方法

任何人都可以对大的凹陷和膨出做出正确的判断，但问题是能否发现不仔细观察就看不出来的小变形和修理结束后残留的变形等。确认方法有"目视""触摸""使用工具"等。

1. 目视（视觉）

用眼睛观察损伤部位。虽然在确认损伤的微细状况时，需要靠近观察。但是，对于车身的少许弯曲等状况，要在稍远一点的距离进行观察，就更容易看出车身的损伤状况。通过光线照射到板件表面发生反射的现象，在平面上的反射成一片光亮，如果存在高低不平的地方，反射光线会发生偏移，从而使肉眼看上去不再是一片光亮，而是高点的地方形成一个局部亮点，而低凹的地方则会使一个局部暗点，通过目测的方法可以很好地判断出平面的不平整度，但是人与人之间的个体差异和技术水平不同，往往目测法判断板件平面的平整度存在一定的随意性，这一点不如采用工具检测好，但是由于其简单，对现场条件要求低，同样也是一种使用广泛、非常实用的方法、如图8-1所示。

图8-1　采用目测法判断车辆外部损伤

2. 触摸（用手触摸）

如图8-2所示，用手掌轻轻放在车身外板表面，上下左右移动手掌，通过手掌的触觉进行判断。手掌的移动方法为：将手掌从无损伤面通过损伤部，滑动到对侧的无损伤面。这样才能让作业人员从好的板件区域和损伤的板件区域对比，从而判断出损伤的情况和损伤的程度。在使用手摸法时需要戴上棉纱手套进行判断，因为板件表面可能由于敲击或者刮蹭，产生毛刺会刺伤手部，棉纱手套可以很好地保护手部不被刺伤。并且，手心会有汗液分泌，汗液会使手掌在板件上滑移受阻,也不利于手摸法判断板件表面的损伤程度。所以戴棉纱手套判断板件表面的损伤情况是十分必要的,这一点学员们必须引起注意。

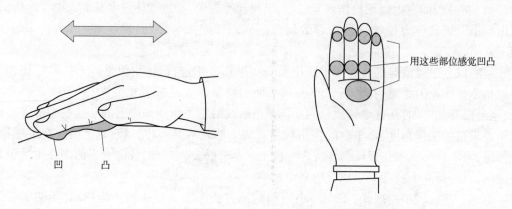

图 8-2　使用棉纱手套进行确认时容易感觉出来

3. 使用工具判断

通过视觉和触觉发现损伤部位是需要经验的。熟练者可通过敏锐的感觉,迅速地发现变形部位,所以作业效率很高。但是,初学者在刚开始时不依靠较难掌握"目视""触摸"的方法,而是通过"将凹陷和凸出转换为肉眼清晰地可见的形态"的方法,是熟练掌握技能的近道。

1)使用钣金锉刀打磨

如图 8-3 所示,使用钣金锉刀接触板件表面,从损伤部位的一侧推向另一侧,注意要一次完成,中间避免中断,可以使每次锉刀行走方向交叉进行,确保损伤区域无遗漏的被锉刀打磨,使修理面出现锉刀磨痕。凹陷部位无锉刀磨痕。此时,注意不要伤及无损伤的部位。

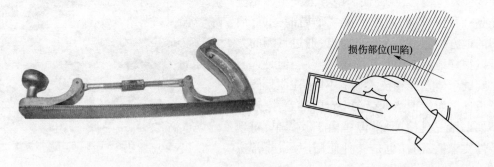

图 8-3　使用钣金锉刀找平

2)使用直尺找平

对冲压线和靠近冲压线的部位,或者平面面积较大的部位,进行凹凸的确认时,使用直尺较为方便。选择长于修理面的直尺。测量车身外部时,以修理部位为中心,观察两边有无变形的面。确认顺序先从无变形的面开始,向修理面移动,根据直尺与车身外板的间隙,对凹凸进行判断,如图 8-4 所示。

项目八 小面积平面整平方法

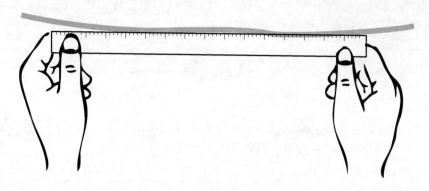

图 8-4　使用直尺进行找平

三、板件小面积整平的方法及步骤

以钣金锉刀找平然后整平为例，如图 8-5、图 8-6 所示。

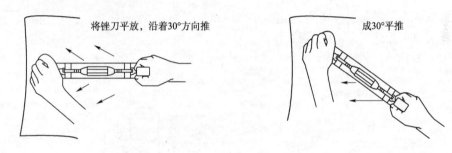

图 8-5　锉刀找平的方法示意

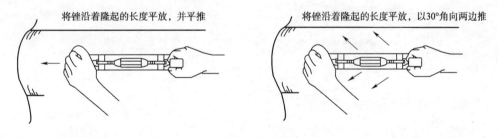

图 8-6　隆起表面锉刀找平的方法示意

(1) 在锉的过程中，应该握住手柄向前推，用手握住锉的头部，以便控制压力的大小和方向。每次锉的行程应尽量拉长。在返回的行程中，用手柄将车身锉从金属上拉回。当锉一个很平坦的部位时，将锉与推进方向成 30°角水平地推，也可将锉平放，沿着 30°斜角的方向推。

(2) 在隆起的金属板上，应将锉平放，并沿着原来的凸起处平推，或者沿着凸起处最平坦的方向平放，以 30°或更小的角度向一边推。

(3) 整平作业。在每一次钣金锉刀找平后，都会出现划痕，没有划痕的部位为低点，而存在划痕的部位是高点，然后使用虚敲和实敲相结合的办法细致的精修，打击高凸部分两垫铁

87

垫顶低凹部分。修复后再利用钣金锉刀找平,然后继续精整板件表面,直至锉刀锉痕均匀布满损伤区域表面,表面损伤区域已经被修整平整。

习　　题

一、填空题

1. 一些金属的原子结构和晶体组织将决定它对于外力的作用有何反应。金属板抵抗外力变化的能力可用三种性能来表示：_____、_____、_____。

2. 什么是弹性变形：_____。

3. 什么是塑性变形：_____。

4. 小平面整平方法应用于哪些损伤场合：_____、_____、_____。

5. 确认表面不平整度的方法有：_____、_____、_____。

6. 当采用锉刀锉削法找平板件时,有锉削痕迹处是_____,无锉削痕迹处是_____。

7. 手触摸法找平时需要注意用_____触摸板件损伤处,同时注意_____。

8. 眼看法找平板件时,应注意视角_____。

9. 阅读下图,填写相关表格。

10. 填写下图中相关空格。

工具名称_____。
用途_____。

此方法是：_____。
中间箭头指向区域是：_____。

二、简答题

1. 简述目视(视觉)凹陷判别的方法。

2. 简述用钣金锉刀找平精修的方法。

项目九　筋线变形修复工艺

> **学习目标**
>
> 完成本项目学习后,你应能:
> 1. 列举出筋线变形损伤的特点;
> 2. 说明筋线变形损伤的修复方法及步骤。
>
> **建议学时**
>
> 2学时。

早期的汽车工业制造一辆汽车是非常细腻的工艺过程,在那种手工的琢磨中,历史传承的文化渗透微妙而绵长。随着工业流水线的出现,汽车工业规模化了,但同时也失去了一些个性和内涵。即便技术相对发达的今天,在对汽车外表件的损伤进行修复时,还是必须依靠一些传统的手工具维修方法进行维修。

其中车身上有许多非常精美的线条,主要是通过板件的冲压变形而成的,有一定弯折角度的线条,这些线条就是钣金工经常提到的筋线。那么筋线在车身上又有哪些作用呢?作为汽车车身的一部分,究其作用,不外乎有两类作用:一是起到美观作用,二是起到安全作用。

(1)美观作用:
①筋线使车身更加具有流线型。
②筋线使比较简单的车身外观视觉上显得更有看点。
③筋线使车身显得有肌肉感,更加具有运动感。
(2)安全作用:
①板件通过一定角度弯折变形后,强度增加。
②强度更高的筋线部分可以增加耐撞击性和形状稳定性。

通过前面模块的学习,大家已经较好地掌握了一些基本钣金的手工具修复工艺,那么对于筋线损伤的修复,又有哪些不同的特点,又是如何进行修复的呢?这是本项目要探讨的主要内容。

一、筋线损伤变形的材料学变化及特点

(一)筋线变形的材料学变化特点

整体式车身所用钢板都要具有良好的塑性,能够加工成各种形状来满足结构和安全的

需要。钢板被加工成一定的形状以后,钢板具有硬化的特性,使钢板上不同部位的强度不一样。

如图9-1所示,钢材也和其他物质一样,由原子构成,许多原子结合在一起形成晶粒,晶粒以一定的形式构成晶体组织。一块钢板的晶体组织状态决定了它能够被弯曲或成形加工的程度。为了改变平坦钢板的形状,应改变位于折缝或弯曲的所有晶粒的形状和位铬。

(二) 筋线变形的特点

金属的变形就材料学来说是一个很复杂的过程,总的来说有弹性变形和塑性变形两类。两种变形都是由于受到外力作用,导致金属变形,但究其变形机理来说,两者各有其不同的特点。

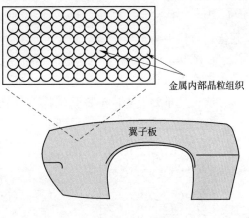

图9-1　金属内组织示意图

1. 弹性变形

如图9-2所示,在受到损坏的金属板上会发生弹性变形,修理技师可以利用金属的回弹倾向进行修理,任何比较平滑的部位都可能发生回弹,即使它们受到邻近部位的影响而偏离了原来的位置,当临近部位的变形消除后,这些受影响的部位往往会跳到其原来的形状。

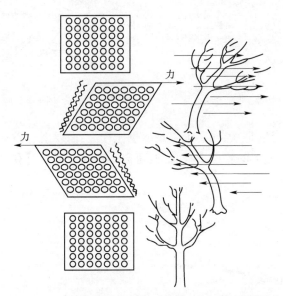

金属受到压力会变形,去除压力后金属恢复原先形状

图9-2　弹性变形示意图

2. 塑性变形

如图9-3所示,塑性变形是金属发生弯曲或变成各种形状的能力。当金属的弯曲超过了它的弹性极限时,它将出现回弹的倾向,但它并不能完全恢复到原来的形状。

(三) 加工硬化

加工硬化是筋线损伤变形中一项比较严重的变形强化,这会大大增加维修难度,处理不当会进一步造成加工硬化,对板件造成更为严重的破坏,增加维修难度。如此学习了解加工硬化就显得更为重要。

如图9-4所示,加工硬化是达到塑性变形上限时,金属出现的一种现象。金属被弯曲过的部位变得非常硬,这就是加工硬化。受弯曲或加工部位的金属产生硬化而造成强度增加,这一认识的重要性无论怎样强调都不过分,因为它实际上是所有金属损坏的根源。

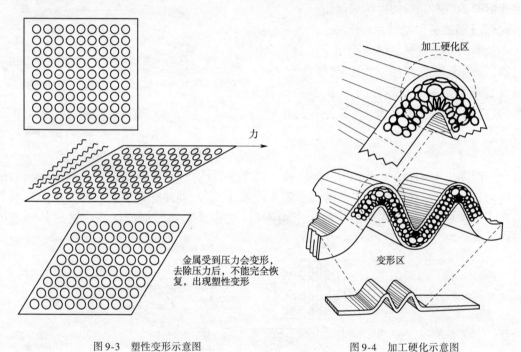

图9-3 塑性变形示意图　　　　图9-4 加工硬化示意图

总之,筋线损伤的变形是复杂的,维修难度也比较大,需要引起重视,在后面的实操能够正确维修。通过对筋线变形的特点进行总结,可以得出其变形主要有以下几大特点:

(1) 钢板延展。
(2) 变形后组织内部仍然有应力。
(3) 板件变薄。
(4) 加工硬化。

二、筋线损伤的修复

前面已经学习了筋线损伤的变形力学特性及变形特点,那么针对这些变形,如何利用之前所学习的小损伤修复方法对筋线损伤进修修复处理呢?接下来就来探讨如何对筋线损伤进修手工具维修。

如图9-5中所示相关区域,可以通过针对图中相变形关区域的讨论来得出相应的维修方法。

1. 变形区域分析

弹性变形区域：A1、A2、A3 等区域的变形都是属于弹性变形区域，根据弹性变形特点，在此处的修复，只需对其进行应力释放，消除使其变形的应力，则可以使其恢复原有形状，达到修复的目的。

塑性变形区域：其中 B 区域则是整个变形位置中的塑性变形区域，在此处因为直接受到外力的冲击作用，变形较为严重，其周边的弹性变形

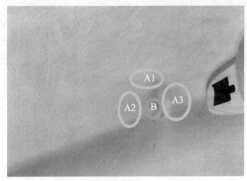

图 9-5　变形区域

是由于 B 区域的塑性变形的作用力导致的变形，根据塑性变形的特点，其变形在消除应力后，不能使其恢复变形，所以对 B 区域的维修，必须采用虚敲实敲结合的整形办法对其进行修复。

加工硬化：在变形区域中，B 区域和周围高点的位置都存在加工硬化，B 区域是因为直接受力变形，而产生的加工硬化，对此处的维修，不仅仅需要虚敲初整形，还需要实敲才能修复变形。而周围的高点则是因为板件弯折变形，而导致的加工硬化，应充分利用虚敲的方法，顶凹打凸，修复凹陷。

对变形区域的维修，要做到充分利用虚敲，避免进一步的加工硬化和延展。辅助以实敲，使强度高和变形较小的部位的形状得以恢复。

2. 维修步骤

维修原则：先整形，后整平。

1) 筋线修复校直

利用垫铁的长直边，从内侧顶住筋线，利用钣金锤敲击周围高点，一边释放周围应力的同时，利用垫铁与金属间的弹力，将塑性变形区域的变形顶出，恢复形状。

2) 筋线两侧弧面的整形

在筋线形状大致被修复好之后，利用垫铁的微小弧面，配合钣金锤对筋线及筋线两侧进行整形，确保筋线的平直度。

3) 两侧平面的精修

在筋线维修完成后，对两侧的平面进行精整形，精修时，配合钣金锉刀找平，对细微高点进行细致处理。

4) 总体调整

在平面精修结束后，对维修整体进行评估，对影响质量的部分位置进行处理，确保板件具有较好的维修质量。

习　题

一、填空题

(1) 变形类型：_____。

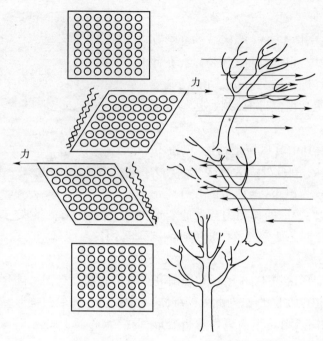

金属受到压力会变形,去除压力后金属恢复原先形状

变形描述:_____
_____
_____
_____
_____。

(2)变形类型:_____。

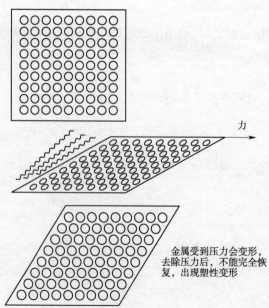

金属受到压力会变形,去除压力后,不能完全恢复,出现塑性变形

变形描述：_____
_____
_____
_____

(3) 变形类型：_____。

加工硬化区

变形区

变形描述：_____
_____
_____
_____

(4) 筋线变形的特点：1._____；2._____；
　　　　　　　　　3._____；4._____。

二、简答题

1. 简述筋线损伤修复工艺的修复步骤。

2. 简述筋线的作用有哪些？

项目十　介子机结构及修复原理

完成本项目学习后,你应能:
1. 讲述介子机的功能及应用场合;
2. 讲述介子机的操作及对损伤板件的修复方法。

2学时。

　　具有电流调整性能的外形修复机,它可以很轻松地把板件上的凹陷拉出来。外形修复机可以焊接垫圈、焊钉、螺柱、星形焊片等进行拉伸操作,还可以使用铜触头和炭棒进行收缩操作,介子机的常用配件如图10-1所示。

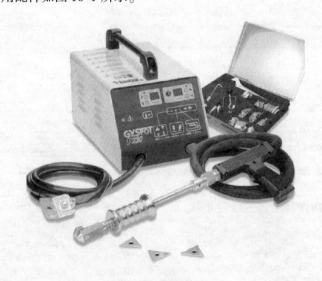

图10-1　介子机常用配件

　　熔植作业的维修方法是利用熔植机,将垫圈焊接于钢板的凹陷部位,然后朝外拉拔垫圈而将凹陷部位拉出。由于此种维修方法作用于钢板外表面,所以较适于修理从内侧不易触及的损伤部位。介子机有如下优点:

(1)可直接从外侧维修钢板,而不用钻孔。
(2)此种为电阻焊接机。
(3)可更换附件来进行钢板缩火。

介子机在钣金维修工作中应用十分广泛,其种类形式也是多种多用,常用的介子机类型和规格如图10-2所示。

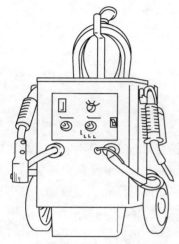

电源电压	三相 AC 200V
二次电流	DC 1000A 至数千安培
二次电压	约 DC 10V

图10-2 介子机规格型号示意图

一、外形修复机焊接原理

如图10-3所示,外形修复机的电源是220V,通过内部的变压器转换成10V左右的直流电。主机上有2条输出电缆线,一条为焊枪电缆,另一条为搭铁电缆,在工作时两条电缆形成一个回路。把搭铁连接到工件上,焊枪通过垫圈等介子把电流导通到面板的某一部分上,由于电流达到3500A左右,垫圈接触面板的部位产生巨大的电阻热,使温度能够熔化钢铁,熔化的垫圈就焊接到面板上了。

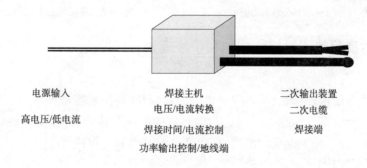

图10-3 外形修复机原理示意图

垫圈焊接机为电阻焊的一种,其原理是利用夹于电极上的垫圈和钢板接触,再通以大电流,使其产生电阻热而将垫圈焊接于钢板上。如图10-4所示的回路中,电阻最大的部位位于垫圈和钢板的接触部位。当电流通过电阻最大部位时,因为高电阻消耗电能而产生高热能。

焊接状况和两个主要因素(电流和时间间隔)有关。焊接时间或者电流过小都会导致垫片在板件上焊接不牢,时间或者电流过大都会导致垫片击穿钢板。原理示意图如图10-4所示。

影响焊接牢固的因素,主要有时间和电流,其作用原理如下。

作用原理:

$$H = \frac{0.24 \times IRT}{A}$$

式中:H——热量;
I——电流;
R——电阻;
T——焊接时间;
A——接触面积。

在介子机使用过程中,焊接电流过小,时间过短,都会导致焊接不牢,但是焊接时间过长,焊接电流过大,又极易造成板件穿孔,这是汽车钣金维修工作中要极力避免的。一般在使用介子机进行维修之前,必须进行试焊,调节好合适的焊接电流和焊接时间。调节标准如图10-5所示。

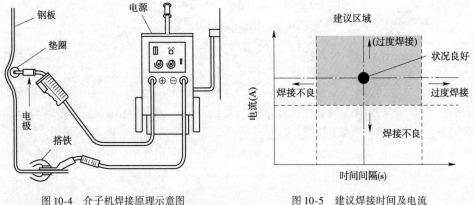

图10-4 介子机焊接原理示意图　　　　图10-5 建议焊接时间及电流

二、通过使用垫圈焊接拉拔的初步修理法

1. 前处理(去除漆膜)

为了牢固地焊接螺栓和垫圈,需除去表面的漆膜和锈,使之容易导电便于焊接。必须在焊接部位和接地部位这两处除去漆膜。考虑到后续的刮灰作业,焊接部位的漆膜除去面积要稍大于凹陷部,为了减少电流的浪费,接地部位最好要靠近焊接部位。

2. 焊接(焊接螺栓)

彻底地清除焊接部位的漆膜和锈。如果处理得不干净,车身外板和电极之间会产生过大的电火花,造成车身外板发生孔洞。

螺栓和垫圈的焊接方向对准拉出的方向。焊歪时,在拉出作业中容易松脱。根据凹陷部位的大小,调整焊接的参数,凹陷越大,则参数应该相应调大。同一部位多次焊接时,车身外板硬化,是造成孔洞的原因,如图10-6所示。

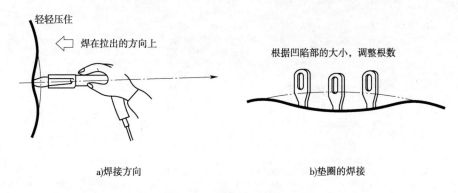

a) 焊接方向　　　　　　　b) 垫圈的焊接

图10-6　使用垫圈进行拉拔修复示意图

3. 拉出

1) 深度较深、面积较狭窄的凹陷

用力一次性拉出。但是，此方法有可能影响到其他的无变形的部位，采用后述的与锤子一起使用的方法比较安全。

2) 深度较浅、面积较宽的凹陷

用较小的力慢慢地拉出。但是，在用力较大时，焊接部分局部伸延膨胀，如图10-7所示。

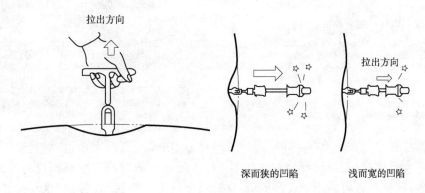

图10-7　拉拔修复示意图

4. 配合手工具修复

在利用手工具配合介子机拉拔维修时，再分析一下变形区域的应力类型，如图10-8所示。

根据变形的不同类别，当垫圈被向外拉出时，位于凹陷周围的塑性变形区将会向外凸出，这些部位只要用手锤敲打，就可修正焊接垫圈处的凹陷。使用垫圈焊接法来维修钢板时会残留小的凹陷，这些小的凹陷必须依靠施涂原子灰来填平，如图10-9所示。

三、新型介子机维修介绍

新型的介子机，采用更加先进的技术，不但很好地提高了维修质量，同时也提高了维修工作的进度。图10-10所示为快速拉拔组件。

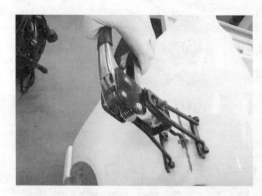

图10-8 利用手工具配合维修示意图

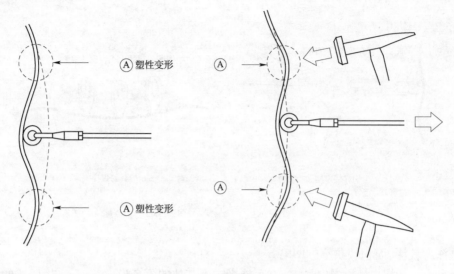

图10-9 利用手工具配合维修示意图

图10-10 快速拉拔

最新的焊接机可在1/1000s的超短时间内导通10kA左右的大电流,焊接垫圈和钢板,并且底部不会产生烧痕,两种焊接对比如图10-11所示。将对高强度钢板母材的热影响抑制在最小限度,而且也可以用于焊接铝板,在母材铝板上焊接螺栓(使用200V),如图10-12所示。

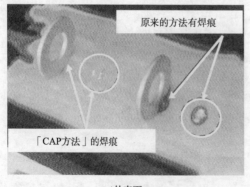

a)外表面

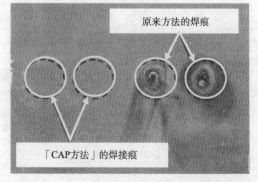

b)内侧面

图10-11 两种焊接对比

项目十　介子机结构及修复原理

a) 外表面

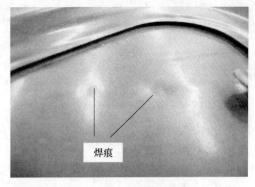
b) 内侧面

图 10-12　在母材铝板上焊接螺栓(使用200V)

习　　题

一、填空题

1. 介子机结构形如下图所示,对照写出下列部件名称。

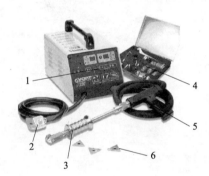

1._____;2._____;3._____;
4._____;5._____;6._____。

2. 在介子机使用过程中,焊接电流_____,时间_____,都会导致_____,但是焊接时间_____,焊接电流_____,又极易造成板件_____,这是汽车钣金维修工作中要极力避免的。一般在使用介子机进行维修之前,必须进行试焊,调节好合适的焊接电流和焊接时间。

3. 利用介子机修复的步骤:

前处理→_____→_____→_____→_____。

　　A. 拉拔维修　　　　　B. 焊接垫圈　　　　C. 搭铁　　　　　D. 试焊

4. 对不同损伤类型拉拔的方法是不同的。

(1) 深度较深、面积较狭窄的凹陷应注意:

101

(2)深度较浅、面积较宽的凹陷应注意：_____
_____。

5.在利用介子机进行维修的操作中，会利用手工具配合维修，如下图所示。根据变形的不同类别，当垫圈被向外拉出时，位于凹陷周围的塑性变形区将会_____，这些部位只要用_____，就可修正焊接垫圈处的凹陷。使用垫圈焊接法来维修钢板时会残留_____，这些小的凹陷必须依靠施涂_____来填平。

二、简答题

1.什么是介子机维修？

2.介子机维修的优点有哪些？

项目十一　收火原理及工艺

> **学习目标**
>
> 完成本项目学习后,你应能:
> 1. 口述收火的原理;
> 2. 讲述氧乙炔、炭棒、铜棒收火的方法。
>
> **建议学时**
>
> 2学时。

一、金属热收缩的原理

所谓"收火作业"是指利用金属的热收缩原理,将外部作用力冲击(损伤)和作业等导致的车身外板延伸状态修复到原有状态的作业。

金属的热收缩原理是什么呢? 金属在受热后会膨胀,然后冷却后则会恢复原有形状。一根两端都处于自由状态的金属棒,受热时它会膨胀,冷却时回到原来的长度,如图11-1所示。

金属棒的两端都固定住,对它先加热,由于两端不能伸长,在受热部位直径就会增大,如果受热后直径增大的金属棒骤然冷却,增大部分的金属表面被剧冷,增大的变形就被保留下来,金属内部降温较缓便产生收缩力使金属收缩变形,结果金属棒尺寸缩短,如图11-2所示。

金属板件的热收缩原理如图11-3所示,焊炬或收缩触头收缩某一部位时,可以对压缩区(即隆起处)的一小块地方加热,使它变成鲜红色。先让延伸区的最高点收缩,然后再让下一个最高点收缩,以此类推,直到整个部位都缩回到原来的位置。

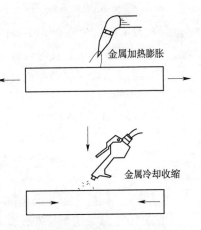

图11-1　金属加热后膨胀收缩示意图

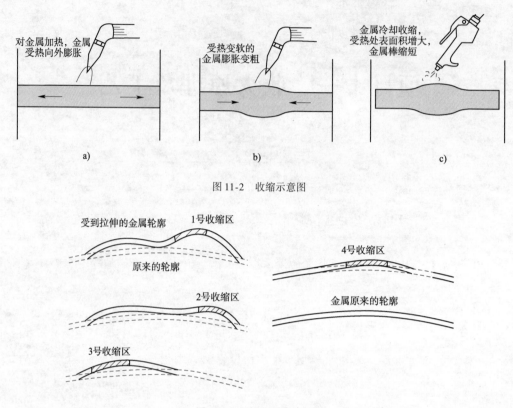

图 11-2 收缩示意图

图 11-3 板件热收缩示意图

二、金属收火方法

1. 金属收火的种类

汽车钣金维修中,针对延展蹦弹板件的维修,就是利用金属的热收缩原理对损伤板件进行维修,收火的主要作业方法有以下 3 种。

(1)通过氧乙炔焊接进行收火作业。

(2)通过丙烷气燃烧嘴进行收火作业。

(3)通过电流(介子机)进行收火作业(推荐)。

2. 变形—伸延的辨别方法

1)想象修理前的变形形状

通常,变形(塑性)部位经常伴有延伸现象。修理后伸延现象也会有残存,此为寻找伸延的重要因素。

2)用手掌的感觉寻找凸起部位

此方法是与寻找车身外板有无凹凸时相同的作业,首先,将手掌轻放在正常的车身外板面,然后,手掌通过修理后的表面,直到未变形的部位,用触觉感知车身外板有无膨起或者凹陷。

3)按压寻找

如图 11-4 所示,对按压下陷(变形)最深的部位,修理后用手指按压修理面的几个点,其中变形最大的部位就是伸延的中心。

3. 四种不同的收火方法介绍

1）通过氧乙炔气/丙烷燃烧嘴（LPG气焊接）的收火作业

使用气体焊接机进行收火作业时，同时要使用木槌和垫铁，如图11-5所示。

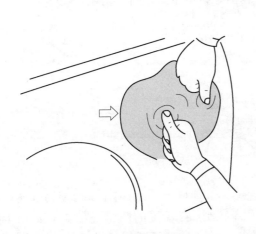

图11-4　按压寻找蹦弹区域　　　　图11-5　氧乙炔热收缩

（1）木槌的作用。趁热用木槌敲击膨胀、软化的板材，板材的组织结构被压缩，产生收缩。在此状态下急冷，可以起到增大收缩量的效果。木槌的作用不仅使板材平滑，而且还起到压缩膨胀、软化板材的组织结构、促使伸延板材产生收缩的作用。

（2）火焰的调整和加热法。如图11-6所示，收火作业作用的火焰为中性火焰。将火焰对准板材时，要注意以下几点。

①对准伸延的中心。

②不将火焰对准其他的部位（未发生伸延的部位）。

③焊枪与板材面呈直角。

④白芯的前端与板材的间隔距离为3~5mm。

⑤加热温度为接触火焰的部位变为淡红色或者黄红色（800~900℃）的程度。

⑥动作迅速。

（3）木槌敲击顺序。如图11-7所示，使用木

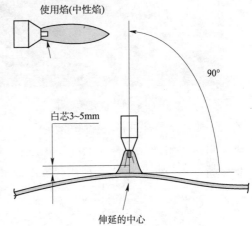

图11-6　利用中性焰进行收火

槌和垫铁进行加热部分的收缩作业，木槌的敲击顺序是从加热处的周围开始，以板材伸延部为中心，沿着一定的方向敲击，最后敲击伸延的中心部，消除伸延。如果不趁热完成敲击，就不能取得良好的效果，所以，动作必须迅速。

（4）冷却。如图11-8所示，板材收缩状况根据冷却速度和温差的不同而变化。急冷比慢冷获得更高的收缩率。作业中，使用湿抹布等进行快速冷却可获得较好的效果，为此动作必须迅速。

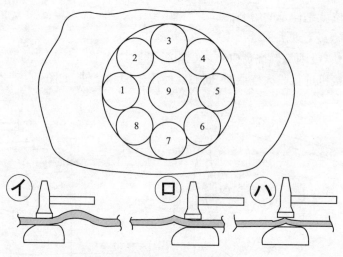

图 11-7　木槌敲击示意图

（5）氧乙炔收火/丙烷燃烧嘴收火的温度管理。如图 11-9 所示，基本上与使用气体焊接机时相同，但是，因为使用时的加热温度不同，用于控制加热温度的低加热处理，例如用于高强度钢板的伸延程度小的车身外板和铝板等，同时也具有变形不扩展的优点。

图 11-8　利用湿毛巾冷却

图 11-9　利用热膨胀情况判断温度

2）通过介子机进行收火作业

如图 11-10 所示，基本上与使用气体焊接机时相同，使用的是电热源。使用设备是螺栓—垫圈焊接机（介子机），使用时将电极部更换为收火专用配件（铜棒），或者更换为炭棒。

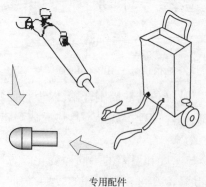

专用配件

图 11-10　介子机收火作业

3）铜极头收火

如图 11-11 所示，热收缩的部位用打磨机清除油漆层。焊枪更换为热收缩电极触头，搭铁连接到要修复的板件上。调整外形修复机的电流、时间等参数。电极触头接触到隆起的部位，电极通电后在接触部位由于电阻热而使板件变红，并将电极触头以一定的力靠住钢板面 1~2s。

待红色消失后，用湿抹布或吹风枪使收缩部位冷却，对要收缩部位进行反复收缩操作，直到隆起部位与周围板件高度一致，电极触头收缩时同样会破坏板件背面的防腐层，所以收缩后要进行防腐处理。

4）炭棒收火

如图 11-12 所示，炭棒收火一般是对大面积蹦弹进行热收缩。在对蹦弹的面进行炭棒收缩前，需要把这个面上的凹坑与死角修整平滑，然后在此蹦弹的面进行炭棒收火。炭棒收火一般是由外向内。之所以由外向内，这样可以使热量向内集中。

图 11-11 铜极头收火

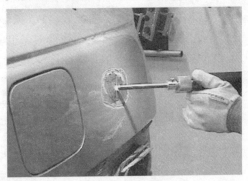

图 11-12 炭棒收火示意图

习　题

一、填空题

1. 如下图所示，金属在受热后会_____，然后冷却后则会_____。一根两端都处于自由状态的金属棒，受热时它会_____，冷却时_____。

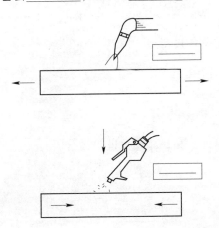

2. 金属棒的两端都固定住，对它先加热，则现象是什么呢？如下图所示。

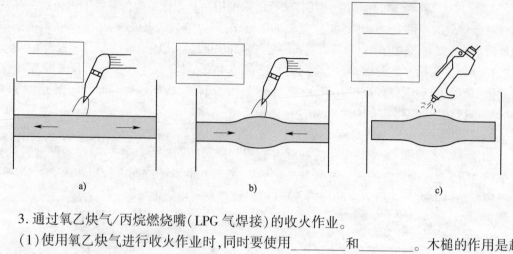

a)　　　　　　　　　　　b)　　　　　　　　　　　c)

3. 通过氧乙炔气/丙烷燃烧嘴（LPG 气焊接）的收火作业。

(1) 使用氧乙炔气进行收火作业时，同时要使用_____和_____。木槌的作用是趁热用木槌敲击_____的板材，板材的组织结构被_____，产生_____。在此状态下急冷，可以起到增大_____的效果。木槌的作用不仅使板材_____，而且还起到_____、_____的组织结构、促使伸延板材产生收缩的作用。

(2) 火焰的调整和加热法要求主要有哪些？

①_____。
②_____。
③_____。
④_____。
⑤_____
_____。
⑥_____。

(3) 冷却。板材收缩状况根据_____和_____的不同而变化。_____比_____获得更高的收缩率。作业中，使用湿抹布等进行快速冷却可获得较好的效果，为此动作必须迅速。

二、简答题

1. 简述收火工艺的种类及各自特点。

2. 简述炭棒收火和铜棒收火各有什么特点。

项目十二　大面积凹陷修复

学习目标

完成本项目学习后,你应能:
1. 讲述针对大面积凹陷损伤维修的维修流程;
2. 对损伤板件进行估损;
3. 解决一般板件损伤的维修。

建议学时

2学时。

一、钣金大面积凹陷损伤的修复原则

汽车发生碰撞,一般情况下,变形是比较复杂的,那么针对复杂的大面积损伤板件的维修,应该如何维修呢？在之前,已经学习了针对不同损伤情况板件的维修方法,对于大面积损伤的情况,要综合利用之前的维修方法进行维修,在维修的过程中要遵循正确的步骤和方法:

（1）要先详细观察外表件,正确分析外表件受损情况。
（2）观察变形板材内应力的相互影响程度。
（3）判断应力集中区（塑性变形区）的修复困难度。
（4）若板件外边框有变形,应先将外边框尺寸进行修复。
（5）切记整平作业先整形后整平。
（6）整形时运用手顶铁（或撬棒）顶凹打凸原则,尽可能以分散应力集中同时平衡板面凹凸高度差的方式整形,避免板材延展,造成板面蹦弹。
（7）处理较严重的外表件变形时,应先将大变形整修为小变形,最后再整平。若板面发生蹦弹现象则板件已经出现了延展,应审慎决定欲收缩位置。

板件维修流程如图12-1所示。

在对板件大面积损伤的维修过程中,应该遵循先棱角、后棱线、后平面的维修方法,先整形、再整平的维修原则。

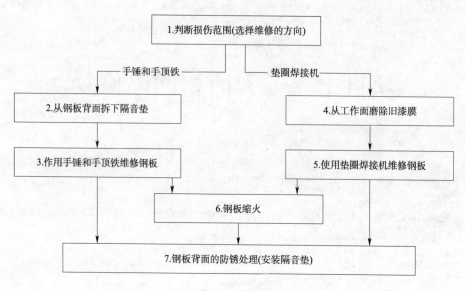

图 12-1 板件维修流程

二、大面积损伤的修复实例

1. 准备好修复工具

在维修外表件前要准备好工具,包括打磨机、钣金锤、吹尘枪、錾子、垫铁、介子机等,如图 12-2 所示。

2. 判断受损区域

图 12-3 中两个椭圆圈表示,该门板的筋线受损,下表面受到撞击大面积受损。该受损区域 70%~80% 为间接损伤,是弹性变形,其余 30%~20% 为直接受损区域,如图 12-3 所示。

图 12-2 工具准备

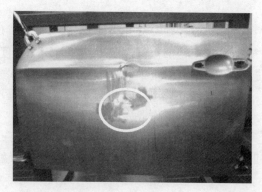

图 12-3 判断受损区域

面对此受损的门板,进行检测要做到三步。第一步,眼看;第二步,手摸;第三部,测量。

"眼看"的时候需要对门板受损区域进行大致的估损。"手摸"表示用手去判断受损板件是否变形、表面凹凸情况,如图 12-4 所示。

"测量"表示用样板卡尺进行评估,更加直观地评测受损的程度,如图 12-5 所示。

图 12-4　眼看手摸判断损伤　　　　　　图 12-5　用工具测量判断损伤情况

3. 粗整形

判断受损区域后,然后用线錾子敲打受损筋线,使受损板件表面的大致形状被錾子敲顶出来。敲顶出来的大面积变形通常为弹性变形,只需顶推或介子机拉拔便可大致恢复到原形状尺寸70%~80%的损伤为弹性变形即间接损伤,如图12-6所示。

4. 对门板表面进行精修

在对门板进行精修时,先按照点(棱角)、线、面进行修复。先对门板筋线进行修复。通常受损门板中,应力最集中的部位在点(棱角)上,修复过程中必须把应力集中区域的应力释放掉,否则板件修整很难修整成功,如图12-7所示。

图 12-6　粗整形　　　　　　　　　　　图 12-7　板件表面精修

在用手工具进行修整的时候,也可以使用介子熔植垫圈来进行拉拔。在拉拔前先进行机器调试,如图12-8所示。

打磨介子机搭铁区域,将搭铁区域打磨干净,如图12-9所示。

然后用垫圈在搭铁区域进行熔植,并对介子的电流与时间进行调试,如图12-10所示。

将垫圈熔植成一排,然后进行拉拔并用钣金锤敲击周边区域,从而释放应力,如图12-11所示。

然后用垫铁与钣金锤对门板的下表面进行整形。进行实敲与虚敲的相互配合,如图12-12所示。

图 12-8　调试介子机

图 12-9　打磨搭铁区域

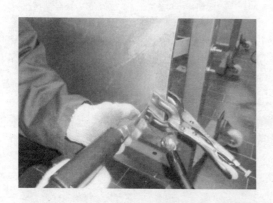

图 12-10　试焊调节参数

图 12-11　拉拔配合敲击修复

在精修的时候可以介子机与钣金锤相互配合使用,有时可以达到虚敲的目的,如图 12-13 所示。

图 12-12　手工具整形

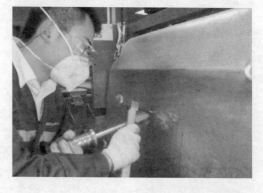

图 12-13　介子机配合精修

当门板表面修整大致平顺后,可以用铜极头对高点进行收火,并用吹尘枪进行风冷,如图 12-14 所示。

在门板表面大致修整平顺后,大面积仍然出现蹦弹,则需要炭棒对其表面进行收火,如

图 12-15 所示。

图 12-14 铜极头收火处理

图 12-15 炭棒收火

收火完毕后对其表面进行敲击,使其表面变平,如图 12-16 所示。

图 12-16 钣金锤精修

习　题

一、填空题

1. 车身修复工具包括一些普通金属加工工具及专用于汽车车身修理的专用工具,主要分为三大类,一类为_____,一类为_____,另一类为_____。

2. 手工具主要作用:_____。

3. 一些金属的原子结构和晶体组织将决定它对于外力的作用有何反应。金属板抵抗外力变化的能力可用三种性能来表示:_____、_____、_____。

4. 弹性变形:_____。

5. 塑性变形:_____。

6. 小平面整平方法应用的损伤场合:_____、_____、_____。

7. 筋线变形的特点:①_____;②_____;
③_____;④_____。

8. 在介子机使用过程中,焊接电流_____,时间_____,都会导致_____,但是焊接时间_____,焊接电流_____,又极易造成板件_____,这是汽车钣金维修工作中要极力避免的。一般在使用介子机进行维修之前,必须进行试焊,调节好合适的焊接电流和焊接时间。

9. 利用介子机修复的步骤:

前处理→_____→_____→_____→_____。

  A. 拉拔维修　　　B. 焊接垫圈　　　C. 搭铁　　　D. 试焊

10. 如下图所示,金属在受热后会_____,然后冷却后则会_____。一根两端都处于自由状态的金属棒,受热时它会_____,冷却时_____。

二、简答题

1. 简述收火工艺的种类及各自特点。

2. 简述炭棒收火和铜棒收火各有什么特点。

项目十三 板件损伤维修新工艺介绍

学习目标

完成本项目学习后,你应能:
1. 列举板件损伤新工艺方法;
2. 讲述铝板修复的要点及补锡维修的要点。

建议学时

2 学时。

铝板的修理更需要小心。铝比钢软得多,而且当铝受到加工硬化以后,更难以加工成形。它的熔点也较低,加热时容易变形。铝制的车身及车架构件的厚度通常是钢件的 1~2 倍。由于加工硬化的影响,铝件受到损坏后更加难以修复。在修理损坏的铝板时,应该考虑到铝的这些特性。

一、用铁锤和垫铁校正

铝板的强度比较低,不能使用常规钢板的整形工具。一般使用表面是橡胶、木制的锤或垫铁来进行维修,可以防止在校正中铝板对敲击过重产生过度拉伸。在维修铝外表件时通常要采用专用的铝制维修工具,如图 13-1 所示。

建议采用铁锤不在垫铁上的敲击法来校正铝板。由于铝板的可延展性不及钢板,采用对铝板的变形较缓和的铁锤不在垫铁上的敲击法。为了降低隆起处的高度而用铁锤和垫铁敲击时,必须注意不要加重损坏的程度。

1. 修复原则

敲击法时,如果锤击太重或次数太多都会拉伸铝板,所以这时应该多次轻敲,而不能只是重敲一两次。收缩锤不可用于铝板,以免使铝板开裂。裸露的铝表面上不可涂敷填充剂或油灰。第一次使用前,应先涂上环氧树脂底剂。另外,也不能使用铅性填充剂,因为铅会降低

图 13-1 铝合金维修套件

铝的耐腐蚀性。

2. 修复过程

1）判断受损区域

判断受损区域与一般钢板类似，可利用视觉及手触方式感觉，在检查过程中是否发现板材过度延展，或者是受损区域漆面剥离及断裂。如果外板件裂开或者变形量较大，建议直接给予更换，如图 13-2 所示。

2）去除漆面上的附着物

必须完全去除铝合金板件上的附着物，如图 13-3 所示。

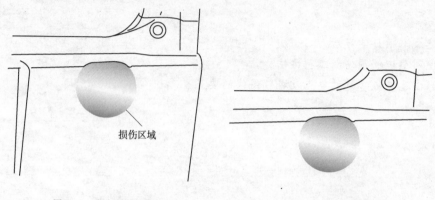

图 13-2 判断损伤区域　　　　图 13-3 打磨

3）加热器加热铝板

加热时，应选用正确的加热工具进行加热。通常会选择热风枪进行加热，如图 13-4 所示。

4）加热时应正确控制温度

加温过程中一旦温度超过 200℃ 或者是漆干燥时，即需停止加温，否则会有破坏金属组织性能、降低强度的风险。

5）维修板件

如图 13-5 所示，修护时须使用整平锤、木槌、橡胶锤及顶铁。

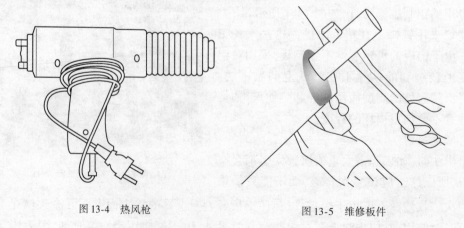

图 13-4 热风枪　　　　图 13-5 维修板件

如图13-6所示,将手顶铁放置于边缘表面,利用木槌将折弯处敲平,再利用整平锤修护凹凸不平处。要注意重复敲击会将板材延伸。

二、铝介子机整形维修

在铝板上打磨时,要防止高速砂轮机上粗糙的砂轮烧穿柔软的铝,还要注意打磨过程中产生的热量能够使铝板弯曲。可以使用36号粒度的疏涂层砂轮。打磨时要特别注意,只能将油漆和底层涂料去掉,不可切割到金属。打磨2~3次

图13-6 维修板件

后,用一块湿布使金属冷却。对于小范围和薄边的打磨,应使用抛光机,对铝板进行拉伸或敲击时用力过大很容易形成隆起变形,这时就需要对受到拉伸的板件进行收缩处理,恢复正常的板件高度。铝板的强度低、熔点低,加热不能过高,否则转速应低于2500r/min。

用外形修复机电极触头或炭棒进行收火。收缩处理的程序和钢板收缩程序类似,如图13-7所示。

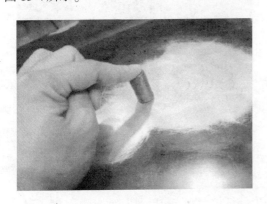 

图13-7 收火

对铝板进行钣金处理时,铝板的韧性低,容易在敲击部位形成加工硬化而破裂,要经常加热消除内部的应力。与校正钢板有重要的区别。校正钢板时,必须尽量避免加热,以免降低钢的强度。

加热时操作过程用热敏涂料或热敏笔画一个环状的标志均匀移动火焰,对变形处加热。热敏涂料或热敏笔画的标志改变颜色时,停止加热。铝在熔化时不会改变颜色,要用热敏涂料控制温度,否则会形成烧穿孔而无法修复,如图13-8所示。

铝外形修复机与钢板外形修复机修复的工作原理相同,也是在板件上焊接介子,铝板焊接的介子是铝焊钉。然后通过介子对铝板进行拉伸,达到修复的效果。

铝板外形修复机和钢板外形修复机的结构不一样,钢板外形修复机内部有线圈变压器,通过线圈变压器变成低电压高电流,然后通过垫圈与板件接触通电产生电阻热熔化钢铁焊接在一起。铝的电阻是钢板的1/4~1/5,对铝焊接时的电流就需要钢铁焊接的4~5倍,很难做到这么大的电流。铝板外形修复机内部没有线圈变压器,里面有十几个大容量的电容,

通过所有电容瞬间放电来焊接。铝焊钉的头部有一个小尖与板件接触,接触面积小电阻大,产生电阻热大,容易焊接。如果铝焊钉的没有尖头就不能用了,大的接触面积正常的焊接电流不能够焊接。所以铝焊钉是一次性使用的,不能重复再用,如图13-9所示。

 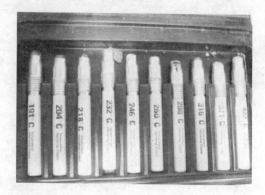

图13-8 热敏材料

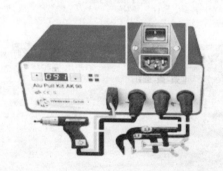 

图13-9 铝介子机(修复机)

铝外形修复机修复的步骤

(1)氧化层清除干净,否则焊接不牢固,如图13-10所示。

(2)把铝焊钉安装在焊枪上,接通铝焊机的电源,调整合适的电流大小,如图13-11所示。

 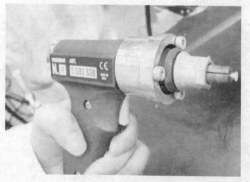

图13-10 去除氧化层　　　　　　　图13-11 安装铝焊钉

(3) 铝焊钉用一定力压在板件上(不能太大或太小),铝焊钉要与板件接触面垂直,按压焊枪的启动开关,铝焊钉通电后会焊接在铝板上,如图 13-12 所示。

图 13-12　焊接铝焊钉

(4) 把拉伸连接件拧到铝焊钉的螺纹上,如图 13-13 所示。

(5) 通过拉伸连接件对板件凹陷处进行拉伸操作。动作要轻柔,力要慢慢加大,防止局部变形过大,拉伸同时可以用钣金锤对拉伸部位进行敲击整形,如图 13-14 所示。

图 13-13　套入拉环　　　　　　　　图 13-14　拉拔修复

(6) 拉伸完毕后,用尖嘴钳清除焊接在表面的铝焊钉,如图 13-15 所示。

(7) 焊接部位用锉或打磨机打磨平整。铝板处理后不用单独的防腐处理,因为铝板会马上形成氧化膜阻止进一步的氧化,如图 13-16 所示。

三、补锡维修

车身板金凹陷变形时,通常会以各种的方法将它整平,例如采用熔植点焊机整平、手工具整平等。但对于某些变形状况很难以上述方法修复时,可以采用铅锡合金把凹陷的部位直接填补起来就可以了。

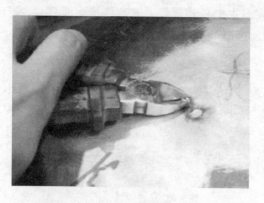
图 13-15　去除铝焊钉

图 13-16　锉平板件表面

采用铅锡合金来修补车身板金的维修方式，就是人们所称的补锡。补锡属于锡焊的一种。由于加热温度比较低，所以造成钢板的材质变化或热变形小，同时附着力好、焊料的涂装性与钢板相近等优点，因此非常适合用来修补钣金面的凹陷或隙缝。

补锡的接合方式，不是将母材与焊料熔合在一起，待冷却后便达到接合的目的，而是在母材不熔化的情况下加入铅锡合金的焊料，与母材的表面接合在一起，因此，接合面的清洁是非常重要的。

1. 补锡的应用需要注意的场合

（1）任何时候都不可使用补锡来作为接合的方法。

（2）MIG 对接接缝处，将焊道磨平后，仍然不平顺时。

（3）小变形的下护板，可直接补锡（大变形的情形时，要先概略整平）。

（4）钢板较厚，不易以熔植点焊机整平且内部为封闭结构，无法以手工具整平。

（5）属于车体容易腐蚀的部分。

（6）将接合部分以沉搭的方式接合，再将沉搭的细缝与凹陷处用补锡来整平。

（7）以沉搭配合补锡的修护方式，可以应用到许多部位，因为可以减少直接对接造成的热变形及技术困难。

2. 补锡的优点

（1）温度低，对母材材质变化的影响少，因此不会影响车身结构强度；如果温度控制得当，也不会损坏到母材背面的防锈处理。

（2）焊料与母材的密合度、附着力很好，焊料本身也具有很高的延展性，即使受到碰撞或敲击，也不会产生裂痕或脱落，因此可以用来修整棱线与转角。

（3）表面经过研磨后，可直接进行涂装；焊料和母材的涂装性相近，可减少涂装的前处理程序与缺陷产生。

（4）施工等待的时间短，仅须数秒焊料就凝固了，不必等待硬化时间，可立即研磨加工。

3. 补锡的缺点

（1）由于目前车身大量使用高强度钢板、厚度降低，即使焊补温度低，仍然会对钣金面造成热变形。因此对于外形平坦、面积大、厚度薄的位置不能使用。例如车顶、发动机舱盖中央没有棱线的部位。

(2)需要相当熟练的技术才能顺利作业。

(3)焊料对人体有害,一定要避免被割伤或吸入。

4. 补锡所采用的材料

(1)锡元素符号是 Sn,一种白色的金属,质地很软、强度低,可以制成很薄的厚度,就是一般所称的"锡箔"。如果把锡镀在铁板的表面,对铁板会有很好的防锈效果。只要加热到232℃以上时就熔化了。

(2)铅元素符号是 Pb,密度很大,(大约是 11.34,比同体积的水重 11.34 倍),质地也是很软、强度低,不容产生加硬化的情形。铅对人体有毒,因此在焊接或加工时要非常注意身体的保护。铅的熔化温度比锡高,要加热到 327℃以上才会熔化。

(3)锑元素符号是 Sb,在一般的焊料中只有加入 2%以下的含量,可以用来提高焊料的强度,但熔融温度不变。一般所称的锡焊,主要是使用以上三种金属所组成的合金作为焊料。

一般都采用含锡比率 20%~30%的焊料,开始熔化温度为 183℃,完全熔化温度为280℃,半熔融温度范围大,适合用作车身补锡用。在焊接过程中,还必须采用焊锡剂,焊剂会有下列三项功效帮助焊接,又称"助焊剂"。

5. 助焊剂

(1)去除母材表面的杂质、氧化膜,并防止因焊接加热而生成新的氧化膜。

(2)去除焊料的杂质、氧化膜,并防止因焊接加热而生成新的氧化物。

(3)增加焊料对母材的润湿性,使焊料更容易附着在母材表上。

在执行焊锡作业时,需要做到相应的安全防护:

(1)务必佩戴全罩式口罩,因为作业过程中所产生的烟雾含有重金属等有毒性气体。

(2)务必佩戴手套,避免烫伤及有毒的铅锡焊料割伤。

(3)务必佩戴安全眼镜,避免加热过程中助焊剂飞溅。

(4)务必留意加热工具的摆放位置,虽然加热温度不高,但加热时间长,热影响将造成车体损伤.必要时加盖防火布。

习 题

一、填空题

1. 铝比钢更加_____,而且当铝受到加工硬化以后,更难以_____,它的熔点约为钢的_____,加热时颜色_____,更加难以把控加热_____。

2. 铝板的强度_____,不能使用_____的整形工具。一般使用表面是_____、_____等材质的锤或垫铁来进行维修,可以防止在校正中铝板对敲击过重产生_____。

3. 铝板的维修流程为_____、打磨漆膜、_____、_____。

4. 用介子机维修铝板,要防止高速砂轮机上粗糙的砂轮_____柔软的铝,还要注意打磨过程中产生的热量能够使铝板_____。

5. 铝板维修过程中,收火一般采用_____和_____等收火工艺。

6. 铝在熔化时不会_____,要用_____控制温度,否则会形成烧穿孔而无法修复。

7. 补锡的接合方式,不是将母材与焊料_____在一起,待冷却后变形达到接合的目的;而是在母材_____的情况下加入铅锡合金的焊料,与母材的表面接合在一起。

8. 补锡时,温度低,对母材材质变化的_____少,因此不会影响车身结构强度;如果温度控制得当,也不会损坏到母材背面的_____。

9. 由于目前车身大量使用高强度钢板、厚度降低,即使焊补温度低,仍然会对钣金面造成热变形,因此对于_____、_____、_____等位置不能使用。

10. 一般都采用含锡比率 20%~30% 的焊料,开始熔化温度为_____℃,完全熔化温度为_____℃,半熔融温度范围大,适合用作车身补锡用。

二、简答题

1. 简述手工具维修铝外板的流程。

2. 简述介子机维修铝外板的流程。

3. 简述补锡的工艺流程。

4. 补锡工艺的优点有哪些?

5. 铝板维修与钢板维修应注意的不同之处是什么?

参考文献

[1] 冯小青,顾平林. 钣金修复技巧与实例[M]. 北京:机械工业出版社,2015.
[2] 刘杰,胡勇. 汽车整形技术[M]. 北京:机械工业出版社,2017.
[3] 胡建富,陈虹. 车身修复[M]. 北京:人民交通出版社,2013.
[4] 谷正气. 汽车车身现代技术[M]. 北京:机械工业出版社,2009.
[5] 陈均. 汽车钣金[M]. 北京:电子工业出版社,2012.
[6] 李远军,陈建宏. 汽车车身构造与修复[M]. 北京:人民交通出版社,2012.
[7] 谢伟钢. 汽车钣金技术[M]. 北京:人民交通出版社,2012.